Texte, Themen und Strukturen

Arbeitsheft

Texte überarbeiten: Von der Rechtschreibung zum sicheren Ausdruck

Herausgegeben von Bernd Schurf und Andrea Wagener

Erarbeitet von
Gerd Brenner,
Heinz Gierlich,
Ida Hackenbroch-Krafft,
Christoph Hellenbroich
und Philipp Schmolke

Inhaltsverzeichnis

1 Vorkurs: Fehleranalyse	**3**
1.1 Die Diagnosefähigkeit schärfen	4
1.2 Eigene Fehlerschwerpunkte ermitteln	8
1.3 Strategien der Fehlervermeidung entwickeln	9
2 Minimalgrammatik	**10**
2.1 Wortarten und ihre Verwendung	10
2.2 Sätze überarbeiten: Stolpersteine erkennen	24
2.3 Grammatikfehler diagnostizieren – Trainingstext	29
3 Zeichensetzung	**30**
3.1 Die drei Grundregeln der Kommasetzung	31
3.2 Das Komma bei Infinitiv- und Partizipgruppen	34
3.3 Zeichensetzung bei direkter Rede und Zitat	35
3.4 Zeichensetzung als Stilmittel: Semikolon, Doppelpunkt und Gedankenstrich	36
3.5 Zeichensetzung anwenden – Trainingstexte	37
4 Rechtschreibung	**39**
4.1 Die Grundprinzipien der Rechtschreibung	39
4.2 Lange und kurze Vokale – Dehnung und Schärfung	41
4.3 Die Schreibung der s-Laute	42
4.4 Groß- und Kleinschreibung	44
4.5 Getrennt- und Zusammenschreibung	48
4.6 Fremdwörter	50
4.7 Binde- und Trennstrich	52
4.8 Fehlerdiagnose Rechtschreibung – Trainingstext	53
5 Stil und Ausdruck	**54**
5.1 „Ein vierstöckiger Hausbesitzer" – Gedanklich klar formulieren	54
5.2 „Wir waren aufmerksam, trotzdem es spät war" – Sätze richtig konstruieren	58
5.3 „Das Stück ist komisch" – textartengerecht formulieren	62
5.4 „Langfristig" oder „langwierig"? – das richtige Wort wählen	64
5.5 „sagen, sagen, sagen" – Wiederholungen vermeiden	69
5.6 „Er kommt jetzt raus" – einen angemessenen Stil entwickeln	70
5.7 Stil und Ausdruck – Trainingstext	72
6 Eine Klausur überarbeiten – Trainingstext	**74**
6.1 Sich einen ersten Leseeindruck verschaffen	78
6.2 Überarbeitung des ersten Teils – Analyse	79
6.3 Überarbeitung des zweiten Teils – Stellungnahme	83
7 „Schriftsachen" – offiziell schreiben	**86**
7.1 Das Protokoll	86
7.2 Der formelle Brief	88
7.3 Das Bewerbungsschreiben	91
7.4 Der Lebenslauf	93
7.5 Bewerbungsschreiben – Trainingstext	95

1 Vorkurs: Fehleranalyse

Das vorliegende Arbeitsheft geht auf die wesentlichen Fehlerquellen in Oberstufenklausuren ein. Vieles davon wird Sie vermutlich beim Schreiben Ihrer eigenen Klausuren nicht mehr schrecken:

- angemessen formulieren,
- Aussagen logisch-schlüssig miteinander verknüpfen,
- die Erfordernisse der Grammatik beachten,
- Rechtschreibung,
- Zeichensetzung und
- Stilistik.

Doch sicherlich sind darunter auch einige Fehlerquellen, die Sie ärgern, wenn Sie Ihre Klausur dann zurückbekommen. Dieses Arbeitsheft hilft Ihnen, persönliche Defizite systematisch aufzuarbeiten. Zunächst ist es wichtig, dass Sie Ihre Wahrnehmung für Fehlerquellen schärfen. Ziel ist, dass Sie bereits während des Schreibens auf die für Sie typischen Stolpersteine achten und versuchen, Fehler zu vermeiden. Spätestens bei der Überarbeitung eines Textes aber müssen Sie Ihre Fehler zuverlässig finden und korrigieren können. Die dafür nötige Fähigkeit der Selbst-Diagnose können Sie trainieren.

1 **a** Prüfen Sie anhand der Übersicht Ihre letzten Klausuren: Halten Sie in der rechten Spalte der Tabelle in einer Strichliste fest, wie häufig die aufgeführten Fehlerarten in Ihren Texten aufgetreten sind. (Möglicherweise finden Sie nicht alle hier aufgeführten Fehlerarten. In diesem Fall können Sie selbst versuchen, die angestrichenen Fehler richtig zuzuordnen.)

b Treffen Sie eine erste Entscheidung, welche für Sie persönlich relevanten Fehlerbereiche Sie aufarbeiten sollten. Markieren Sie diese Bereiche.

Übersicht: Fehlerarten		
Korrektur-zeichen	**Erklärung der Fehlerart**	**Wie oft dieser Fehler bei mir auftritt (Strichliste)**
	Verstehensleistung	
Sa	sachlicher Fehler (inhaltlich falsche Darstellung)	
Logik	falscher logischer Bezug (Gedankensprung, Widerspruch, falsche Folgerung)	
Fa	Fehler im Bereich der Fachsprache	
	Darstellungsleistung	
Wdh	Wiederholung (als Ausdruck mangelnder Schreibplanung)	
R	Fehler in der Rechtschreibung	
Z	Zeichensetzungsfehler	
Gr	Grammatikfehler (außer T, M, Sb/St, Bz; z. B. Kasusfehler)	
T	Tempusfehler (z. B. Verwendung des Präteritums in analytischen Aufsatzteilen)	
M	Modusfehler (z. B. fehlender Konjunktiv der indirekten Rede)	
Bz	Beziehungsfehler (z. B. unklarer, doppeldeutiger oder falscher Bezug auf Satz- bzw. Textebene)	
Sb/St	Satzbaufehler/Wortstellungsfehler	
A	Ausdrucksfehler	
W	falsche Wortwahl	
Stil	stilistischer Fehler	
(-)	überflüssiges Wort	
V	fehlendes Wort	

1.1 Die Diagnosefähigkeit schärfen

Die Übungen in diesem Arbeitsheft führen Sie schrittweise zu einem selbstständigen Umgang mit Ihren Fehlern. In einem gestuften Verfahren trainieren Sie

- ➡ Ihre „Antennen auszufahren" und auf mögliche Fehler zu richten, also darauf aufmerksam zu werden, dass etwas falsch ist,
- ➡ sprachliche Fehlleistungen zu verstehen, also zu erkennen, warum etwas verbessert werden muss (nur dann wird Ihre Verbesserung gelingen können), und
- ➡ eine Lösung für logische und stilistische Darstellungsprobleme zu finden.

Wenn Sie bereits im ersten Schritt auf dieser Seite unten alle Fehler entdecken und Sie diese zusätzlich im zweiten Schritt (▶ S. 5) korrekt einordnen können, dann ist Ihre Diagnosefähigkeit schon weit entwickelt. Vermutlich wird es aber nicht so sein. Dann sollten Sie diesen Vorkurs intensiv durcharbeiten, um zu erkennen, welche Kompetenzen der Fehlerkorrektur Sie zusätzlich benötigen, um Texte erfolgreich überarbeiten zu können. Abschließend können Sie dann Ihre weiteren Arbeitsschritte planen (▶ S. 8–9).

■ Diagnose I – Fehler entdecken ■

Der folgende Textauszug ist einer Oberstufenklausur zu Gotthold Ephraim Lessings Drama „Emilia Galotti" (1772) entnommen. In dem Stück stellt Lessing unter anderem die absolutistische Adelsherrschaft der Zeit bloß. Die Aufgabenstellung bezieht sich auf Szene IV,3. In dieser Szene geht es um Folgendes: Gräfin Orsina, die Mätresse des Prinzen, ist gerade von diesem fallengelassen worden. Der Herrscher hat sich in Emilia Galotti, eine Bürgerliche, verliebt. Die Gräfin hat dem Prinzen einen Brief geschrieben, der jedoch unbeantwortet geblieben ist. Nun will sie in die Gemächer des Herrschers vordringen, wird aber von dessen Kammerherrn Marinelli daran gehindert. Marinelli hat kurz vor der Hochzeit einen Anschlag auf Emilias Verlobten, den Grafen Appiani, verüben lassen, bei dem dieser zu Tode gekommen ist. Emilia wurde indessen – angeblich zu ihrem Schutz – auf das Schloss des Prinzen gebracht.

1 Unterstreichen Sie im folgenden Auszug aus einer Klausur alle Textstellen, die Ihnen fehlerhaft erscheinen. Bedenken Sie dabei, dass in Sätzen oft mehrere Fehlerarten gleichzeitig auftreten (Korrekturzeichen ▶ S. 5).

Mit ihrem eng verzahnten Dialog, stellt die Szene IV,3 einen Höhepunkt des Dramas dar. Sie handelt von der Gräfin Orsina, die Mätresse des Prinzen, die auf Grund ihres gesandten Briefes das Schloss aufsucht. Sie hat längst gehört, dass eine andere Frau bei ihm ist und möchte nun die Wahrheit erfahren. Marinelli stellt sich dumm und geht nicht auf die Bitte, den Prinz zu sehen, ein. Orsina ist Marinelli geistlich überlegen und kann somit gut komplexe Sätze ausführen die Marinelli in die Enge treiben. Es entsteht ein heftiges Wortgefecht, weil Orsina gibt ihren Plan nicht auf, den Fürsten zur Rede zustellen.

Der Prinz selbst spielt in dieser Szene gar nicht mit. Er erledigt gerade vieleicht wieder Staatsgeschäfte, die ihm zuwider sind. Damit greift er, während seines Trauerspiels, den Adel an. Ich finde, dass das Trauerspiel sehr gut gelungen ist und den Leser anregen, inwiefern er selbst überhaupt aufgeklärt ist.

1 Vorkurs: Fehleranalyse

Diagnose II – Fehler verstehen

 Die folgenden Sätze kennen Sie bereits von S. 4, Aufgabe 1. Missglückte Formulierungen und Fehler sind hier blau unterstrichen, Zeichensetzungsfehler sind nicht unterstrichen.

a Gleichen Sie die Unterstreichungen mit Ihren Korrekturen auf S. 4. ab: Haben Sie alle Fehlerbereiche selbst entdeckt? Wenn Ihnen dies gelungen ist, ist Ihre Diagnosefähigkeit bereits gut entwickelt. Wenn nicht, dann können Sie mit diesem Arbeitsheft gezielt daran arbeiten.

b Unter den Sätzen finden Sie Korrekturzeichen. Ordnen Sie diese dem Fehler oder den Fehlern im Satz durch eine Verbindungslinie zu.

c Umkreisen Sie alle Fehlerarten, die Sie im Text auf S. 4. nicht selbst entdeckt haben und/oder die Sie in der folgenden Übung nicht zuordnen konnten. Diese Fehlerbereiche sollten Sie intensiv üben.

A Mit ihrem eng verzahnten Dialog, stellt die Szene IV,3 einen Höhepunkt des Dramas dar.

Z

B Sie handelt von der Gräfin Orsina, die Mätresse des Prinzen, die auf Grund ihres gesandten Briefes das Schloss aufsucht.

Gr   A/Logik

C Sie hat längst gehört, dass eine andere Frau bei ihm ist und möchte nun die Wahrheit erfahren.

Z

D Marinelli stellt sich dumm und geht nicht auf die Bitte, den Prinz zu sehen, ein.

Bz   A   Gr

E Orsina ist Marinelli geistlich überlegen und kann somit gut komplexe Sätze ausführen die Marinelli in die Enge treiben.

A   Z   W

F Es entsteht ein heftiges Wortgefecht, weil Orsina gibt ihren Plan nicht auf, den Fürsten zur Rede zustellen.

Sb   R

G Der Prinz selbst spielt in dieser Szene gar nicht mit.

A

H Er erledigt gerade vieleicht wieder Staatsgeschäfte, die ihm zuwider sind. Damit greift er, während seines Trauerspiels, den Adel an.

Bz   Z   A   R

J Ich finde, dass das Trauerspiel sehr gut gelungen ist und den Leser anregen, inwiefern er selbst überhaupt aufgeklärt ist.

Gr   A

1 Vorkurs: Fehleranalyse

■ Texte überarbeiten I – Fehler korrigieren ■

Der zweite wichtige Schritt nach der Fehlerdiagnose ist die Korrektur.

3 In der nachfolgenden Tabelle finden Sie erneut die Ihnen bereits bekannten Sätze. Nutzen Sie die Hinweise in der rechten Spalte, um die Ursachen der Fehler in den Sätzen genau zu verstehen. Formulieren Sie in der linken Spalte unter den Sätzen dann jeweils eine mögliche Verbesserung.

A Mit ihrem eng verzahnten Dialog, stellt die Szene IV,3 einen Höhepunkt des Dramas dar.	➥ Auch längere adverbiale Bestimmungen werden nicht mit einem Komma vom Satz abgetrennt. ▶ S. 32
Mit ihrem eng verzahnten Dialog stellt die Szene IV,3 einen Höhepunkt des Dramas dar.	
B Sie handelt von der Gräfin Orsina, die Mätresse des Prinzen, die auf Grund ihres gesandten Briefes das Schloss aufsucht.	➥ Eine Apposition ist in Genus, Numerus und Kasus identisch mit dem Bezugswort. (Kongruenz, ▶ S. 12 f.) ➥ Logische Bezüge müssen sprachlich klar ausgedrückt werden. ▶ S. 54
... der Mätresse des Prinzen ... *Grund ihres ...*	
C Sie hat längst gehört, dass eine andere Frau bei ihm ist ,und möchte nun die Wahrheit erfahren.	➥ Einen Nebensatz, der in einen Hauptsatz eingeschoben wird, schließt man durch Komma ab, und zwar auch dann, wenn der Hauptsatz mit *und* weitergeht. ▶ S. 32
... dass eine andere Frau bei ihm ist, und möchte nun die Wahrheit erfahren.	
D Marinelli stellt sich dumm und geht nicht auf die Bitte den Prinz zu sehen ein.	➥ Sind in einem Satzgefüge mehrere Akteure im Spiel, müssen die Bezüge sprachlich eindeutig sein. (vgl. Einführung S. 4: Wer will den Prinzen sehen?) ▶ S. 26 ➥ Akkusativendungen werden in der gesprochenen Sprache ab und zu unterschlagen; im Schriftlichen ist das nicht erlaubt. ▶ S. 12, 27 ➥ Die Bitte richtet sich hier darauf, etwas zu dürfen (Erlaubnis). ▶ S. 54, 57
Marinelli stellt sich dumm und geht nicht auf Orsinas Bitte ... ein.	
E Orsina ist Marinelli geistlich überlegen und kann somit gut komplexe Sätze ausführen die Marinelli in die Enge treiben.	➥ Endungen wie *-lich*, *-isch* und *-ig* sollten nicht verwechselt werden. ▶ S. 65 ➥ Relativsätze werden durch Komma vom Hauptsatz abgetrennt. ▶ S. 28, 31 ➥ Der sprachliche Ausdruck sollte den Normen der Schriftlichkeit entsprechen.
Orsina ist Marinelli geistig überlegen u ...	
F Es entsteht ein heftiges Wortgefecht, weil Orsina gibt ihren Plan nicht auf, den Fürsten zur Rede zustellen.	➥ Konjunktionen wie *weil/denn* und *trotzdem/obwohl* werden leicht verwechselt. ▶ S. 28 ➥ Die Getrennt- und Zusammenschreibung ist ein schwieriger Bereich der Rechtschreibung. Infinitive mit *zu* werden immer getrennt geschrieben. ▶ S. 48–49
..., da Orsina ihren Plan nicht aufgibt, den Fürsten zur Rede zu stellen.	
G Der Prinz selbst spielt in dieser Szene gar nicht mit.	➥ Schauspieler *spielen* eine Rolle; Figuren eines Dramas *treten auf*. ▶ S. 62
In dieser Szene erscheint der Prinz nicht.	

1 Vorkurs: Fehleranalyse

H Er erledigt gerade vieleicht wieder Staatsgeschäfte, die ihm zuwider sind. Damit greift er, während seines Trauerspiels, den Adel an.

- *viel* und *leicht* kann man zu einem neuen Wort zusammensetzen.
- Pronomen am Anfang von Sätzen müssen im Satz davor ein passendes Bezugswort haben; sonst dürfen sie nicht verwendet werden. (Hier ist mit *er* wohl nicht der Prinz, sondern Lessing, der Autor des Stücks, gemeint.) ► S. 23
- Adverbiale Bestimmungen werden nicht durch Komma abgetrennt. ► S. 32
- *Während* (wann?) und *in* (wo?) sollten nicht verwechselt werden. ► S. 28

J Ich finde, dass das Trauerspiel sehr gut gelungen ist und den Leser anregen inwiefern er selbst überhaupt aufgeklärt ist.

... und den Leser anregen über Aufklärung nachzudenken.

- Die Personalform eines Verbs muss in die Satzkonstruktion passen. ► S. 12
- Oft werden unter Zeitdruck oder durch Unachtsamkeit wichtige gedankliche Zwischenschritte in Formulierungen einfach vergessen. ► S. 54 Hier zum Beispiel soll wohl der Leser, die Leserin zum Nachdenken angeregt werden.

Tipp

Um sicherer im Ausdruck zu werden, sollte man regelmäßig anspruchsvolle Texte lesen.

Texte überarbeiten II – Fehler korrigieren

Sie haben mit der Fehlerdiagnose auf den Seiten 3 bis 8 eine sichere Basis für das weitere Training erworben. Die Überarbeitung der folgenden Sätze wird Ihnen leichter fallen. Sie sind Aufsätzen über einen Text entnommen, der sich mit dem zunehmenden Politainment, der Vermischung von Politik und Entertainment im Fernsehen, auseinandersetzt.

4 **a** Unterstreichen Sie in den folgenden Sätzen missglückte Formulierungen und Fehler.
   b Kennzeichnen Sie diese am Rand mit Korrekturzeichen (► S. 3).

A Im zweiten Teil meines Aufsatzes erörtere ich die Fragestellung „Ist die Aufklärung des Bürgers und Politainment miteinander vereinbar?". Dieser Frage werde ich im Folgenden begründet wiedersprechen.

B Sowohl Argumente, als auch Beispiele untermauern eine, zuvor aufgestellte, These.

C Nach Meinung des Autors müsse man ein großes Maß an Prominenz besitzen, um überhaupt in eine solche Show zu gelangen.

D Der Autor beschäftigt sich mit der Präsenz von Politikern in den Medien wie z. B. die Sendung „Sabine Christiansen".

   c Notieren Sie die verbesserten Sätze auf einem gesonderten Blatt.

7

1 Vorkurs: Fehleranalyse

1.2 Eigene Fehlerschwerpunkte ermitteln

 a Gehen Sie die Seiten 3 bis 7 noch einmal durch. Vergewissern Sie sich, welche Fehlerarten Sie noch nicht hinreichend wahrnehmen oder verbessern können. Berücksichtigen Sie auch die Fehlerarten, die Sie in der Tabelle auf S. 3 markiert haben.

b Prüfen Sie im Inhaltsverzeichnis (▶ S. 2) und im Stichwortverzeichnis dieses Heftes (▶ Umschlag vorn), mit welchen Erklärungen und Übungen in diesem Heft Sie Ihre Fehlerquellen angehen können. Entwickeln Sie daraus einen persönlichen Arbeitsplan.

 Arbeiten Sie in diesem Heft besonders diejenigen Bereiche intensiv durch, die Ihnen bei der Diagnose Probleme bereitet haben. Verbessern Sie so Ihre Fähigkeit der Fehlerdiagnose, damit Sie bei Klausuren oder in anderen Arbeiten zielsicher auf Ihre eigenen Fehler aufmerksam werden.

Arbeitsplan		
Bereiche, die ich üben sollte	In diesem Heft auf S. …	Ich möchte üben am … (Datum eintragen!)

1.3 Strategien der Fehlervermeidung entwickeln

1 **a** Notieren Sie Ihre drei Hauptfehler:

b Gewöhnen Sie sich daran, eigene Texte regelmäßig auf diese Fehler durchzusehen.

In Klausuren ist ein Rechtschreibwörterbuch zugelassen. Bereiten Sie sich darauf vor, dieses demnächst intensiver als bisher zu benutzen, um Fehler zu vermeiden.

c Arbeiten Sie die folgende Checkliste durch.

Tipp

Ein Rechtschreibwörterbuch hilft mir, mich in folgenden Bereichen zu verbessern:	Anwendungstipps für den Umgang mit Rechtschreibwörterbüchern	Diese Chance habe ich bereits wahrgenommen:	
		Ja	Nein
Rechtschreibung und Zeichensetzung	➥ Zu Wörtern oder Satzzeichen, die Sie immer wieder falsch schreiben, können Sie Lesezeichen hinterlegen, sodass Sie die korrekte Schreibung rasch finden.	☐	☐
	➥ Nutzen Sie die Infokästen zu besonderen Schwierigkeiten der Rechtschreibung, die sich in vielen Wörterbüchern finden.	☐	☐
	➥ Die für Sie wichtigen Regeln können Sie in Wörterbüchern farbig markieren, damit Sie sie schnell finden.	☐	☐
	➥ Lesen Sie vor Klausuren noch einmal gezielt die Übersichten zur Getrennt- und Zusammenschreibung sowie zur Groß- und Kleinschreibung durch, die Sie in Einleitungsteilen von Wörterbüchern finden.	☐	☐
Fremdwortgebrauch	➥ Wenn Sie unsicher in der Schreibung oder Verwendung wichtiger Fremdwörter (zum Beispiel von Fachtermini) sind, schlagen Sie im Wörterbuch nach. In Wörterbüchern werden viele Fremdwörter kurz erklärt, in der Regel mit einem deutschen Synonym (Ersatzwort).	☐	☐
Grammatik	➥ Wörterbücher, die Sie in Klausuren mitnehmen können, bieten zu Wörtern, die Sie nicht ganz beherrschen, wichtige Informationen, etwa Hinweise zum Genus (Geschlecht). Zum Teil finden Sie nach jedem Nomen/Substantiv den zugehörigen bestimmten Artikel. Manchmal werden mehrere Artikel angegeben, dann kann das Wort zwei verschiedene Genera (Geschlechter) haben. Auch Ihnen nicht bekannte Pluralformen (wie *Genera* zu *Genus*) können Sie in Wörterbüchern nachschlagen.	☐	☐
Stil	➥ Wenn Sie Schwierigkeiten mit Stilbrüchen haben, können Sie sich ebenfalls in Wörterbüchern Hilfe holen. Dort werden mit Angaben wie „ugs." (für umgangssprachlich) oder „mdal." (für mundartlich) oder Bezeichnungen wie „derb" oder „veraltet" Angaben zur stilistischen Qualität von Wörtern gemacht, die Sie bei stilistischen Unsicherheiten nutzen können.	☐	☐

2 Minimalgrammatik

Solides grammatisches Grundwissen hilft Ihnen, Fehler zu vermeiden,
- weil Sie Wortverwendung und Satzbildung besser verstehen und gezielter einsetzen können,
- weil Sie ein angemessenes Beschreibungsvokabular zur Verständigung über sprachliche Mittel und deren Wirkung besitzen,
- weil Sie Ihre Sprache nicht nur intuitiv richtig, sondern kontrolliert einsetzen und verbessern können,
- weil die Rechtschreibung oft mit grammatischen Kategorien zusammenhängt (etwa bei der Nominalisierung, ▶ S. 44, oder der Kongruenz, ▶ S. 12, 22, 23).

Bedenken Sie: Die Beherrschung der sprachlichen Richtigkeit macht zum Beispiel im Abitur ca. ein Drittel der Note aus. Insofern entlastet sprachliche Sicherheit, denn Sie können sich auf die Inhalte konzentrieren. Sie werden zunehmend entdecken, dass sprachliche Zusammenhänge keineswegs langweilig sind. Sie zu kennen, entwickelt die eigene Sprachkompetenz – und Kompetenz macht zufrieden!

2.1 Wortarten und ihre Verwendung

Wörter und Wortarten

Die kleinsten eigenständigen Einheiten der Sprache sind die Wörter. Im Deutschen gibt es über 300.000 verschiedene Wörter, aber nur 20.000 werden häufig verwendet. Sie werden nach Wortarten klassifiziert. Die häufigste Wortart ist das Nomen.
Rund 50 Prozent aller Wörter sind Nomen (Substantive). Der Anteil der Verben am Wortbestand liegt bei etwa 20 Prozent, der der Adjektive immerhin bei 25 Prozent.

Um Wörter einzuordnen, sind folgende **Klassifikationsprinzipien** wichtig:

- 1. Sinn **(Semantik)**
Die inhaltlichen (semantischen) Eigenschaften der Wörter. Wörter beschreiben zum Beispiel Gegenstände (Nomina), Tätigkeiten (Verben), Eigenschaften (Adjektive) oder Beziehungen zwischen Sachverhalten (Partikeln). „Semantik" meint also die **„Bedeutung" der Wörter** – noch unabhängig von ihrem Zusammenhang mit anderen Wörtern.

- 2. Form **(Morphologie)**
Nach ihren Formmerkmalen teilt man die Wörter in flektierbare (veränderliche) oder unflektierbare (unveränderliche) Wortarten ein. Nominale Wörter sind deklinierbar, verbale sind konjugierbar.

- 3. Verwendung im Satz **(Syntax)**
In Texten folgt die Wortverwendung der Syntax (Satzbau). Die syntaktischen Regeln bestimmen die grammatischen Ausformungen der Wörter. Die Regeln hängen von der sprachlichen Umgebung (Kontext) ab.

- 4. Bedeutung in Handlungskontexten **(Pragmatik)**
Sprachliche Äußerungen lassen sich als (Entwürfe von) Handlungen verstehen. Derselbe Satz kann in unterschiedlichen Handlungszusammenhängen demnach Verschiedenes bedeuten. „Es zieht!" verweist auf eine Feststellung oder eine Aufforderung. Für die konkrete Sinnrichtung der Sprachverwendung ist also auch der Handlungskontext wichtig.

Auf den folgenden Seiten des Arbeitsheftes können Sie Ihren Wissensstand in einem „Schnellcheck" testen und bei Bedarf fehlerträchtige Verwendungssituationen in den Blick nehmen und richtigen Sprachgebrauch trainieren. Die mit Info gekennzeichneten Kästen bieten Ihnen knappe Zusammenfassungen des Grundlagenwissens. Die Tipp-Kästen vermitteln Ihnen in Kürze geeignete Arbeitsstrategien. Die Lösungen zu den Aufgaben finden Sie im Lösungsheft.

2 Minimalgrammatik

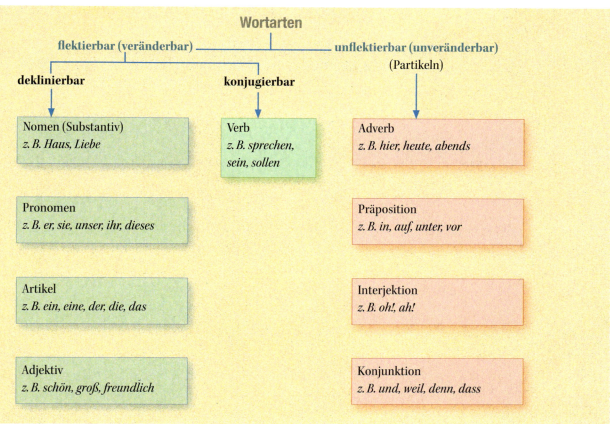

Wortarten sicher bestimmen

Die Wortarten zu kennen, ist für die Konstruktion grammatisch richtiger Sätze von Bedeutung.

1 a Schreiben Sie unter den folgenden Satz für jedes Wort, zu welcher Wortart es gehört. Geben Sie sich drei Minuten: Arbeiten Sie möglichst rasch. Lücken können Sie gegebenenfalls später klären.
  b Gleichen Sie anschließend Ihre Antworten mit dem Lösungsheft ab: Falls Sie mehrere falsch oder nicht angegeben haben, sollten Sie sich die vorangegangene Übersicht über die Wortarten noch einmal genau einprägen.
  c Wenn Sie Ihr Urteilsvermögen schärfen möchten, können Sie in einem „Wörterbuch der deutschen Sprache" die Wortarten beliebiger Wörter nachschlagen.

Das   Nomengenus   hat   eine   doppelte   Funktion:

Es   teilt   das   „Lexikon"   der   Nomen

in   bestimmte   Klassen   ein   und   legt

das   Genus   anderer   Einheiten   im   Satz   fest.

11

2 Minimalgrammatik

▬ Kongruenzbeziehungen prüfen ▬

Attribute (Beifügungen) geben zusätzliche, erklärende Hinweise. Erweitern sie eine Nominalgruppe, dann sind sie dem Nomen in Numerus, Genus und Kasus untergeordnet. Man spricht hier von einer „Kongruenz" (Übersinstimmung).

 Ergänzen Sie den folgenden Satz richtig.

> Die neue Nichtraucherregelung leuchtet vielen Rauchern noch nicht ein.
> (neu) (viele) (Raucher)

Unter den zu flektierenden (zu beugenden) Wortarten (▶ S. 11) gibt es eine Reihe, deren Beugung man als „Deklination" bezeichnet; bei Verben spricht man von „Konjugation". Um Kongruenzen richtig handhaben zu können, müssen Sie die Deklinations- und Konjugationsregeln beherrschen.

Die Deklination

Dekliniert werden Nomen, Artikel, Pronomen und Adjektive. Die Deklination richtet sich nach folgenden Kriterien:

nach dem grammatischen Geschlecht, dem **Genus**. Es gibt im Deutschen drei Genera:
- **Maskulinum** (männlich),
- **Femininum** (weiblich),
- **Neutrum** (sächlich),

nach der Anzahl, dem **Numerus**. Es gibt:
- **Singular** (Einzahl),
- **Plural** (Mehrzahl).

Jedes Nomen kann verschiedene Kasusformen (grammatische Fälle) annehmen. Mit dem Kasus wird die grammatische Rolle im Satz gekennzeichnet. Die meisten Nomen können einen **Kasus** im Singular und im Plural annehmen. Man unterscheidet vier Kasus:
- **Nominativ** (wer oder was?),
- **Genitiv** (wessen?),
- **Dativ** (wem?),
- **Akkusativ** (wen oder was?).

Eine wichtige Kongruenz in einem Satz ist die zwischen Subjekt und Prädikat. Beide müssen im Numerus übereinstimmen.

 Ergänzen Sie in den folgenden Sätzen die richtige Personalform.

> Er und sie _____ zur Party.
> kommen
>
> In der Probeklausur _____ die Hälfte der Aufgaben aus
> kommen
> den Übungsblättern dran.
>
> Gleichgültig, ob eine oder zwei Personen _____, der Preis ist
> kommen
> derselbe.

2 Minimalgrammatik

Die Konjugation

Konjugiert werden ausschließlich Verben, sie kommen in verschiedenen Formen vor. Die **Grundform** des Verbs ist die **infinite Form**, der Infinitiv: *geh*en, *beweg*en, *schlaf*en.

Die **finite Form** des Verbs, die **Personalform**, wird durch Abwandlung des Verbstamms und Anhängen der Personalendung gebildet. Die Konjugation richtet sich nach folgenden Kriterien:

Das Verb steht in einer grammatischen Person und im Singular oder Plural:

- 1. Person Sg.: *ich komme*
- 2. Person Sg.: *du kommst*
- 3. Person Sg.: *er, sie, es kommt*
- 1. Person Pl.: *wir kommen*
- 2. Person Pl.: *ihr kommt*
- 3. Person Pl.: *sie kommen*

Es gibt verschiedene Zeitstufen (Zeitverhältnisse): Vergangenheit, Gegenwart und Zukunft. Um diese differenziert zum Ausdruck zu bringen, unterscheidet man unterschiedliche **Tempora** (**Zeitformen**, Sg. Tempus):

- **Präsens:** *ich komme*
- **Präteritum:** *ich kam*
- **Perfekt:** *ich bin gekommen*
- **Plusquamperfekt:** *ich war gekommen*
- **Futur I:** *ich werde kommen*
- **Futur II (Perfekt):** *ich werde gekommen sein*

Indem der Sprecher finite Verbformen in einen **Modus** setzt, kann er zum Ausdruck bringen, wie er eine Aussage bewertet:

- **Indikativ** (Wirklichkeitsform): *ich komme*
- **Konjunktiv** (Möglichkeitsform): *ich komme* (Konj. I), *ich käme* oder *ich würde kommen* (Konj. II)
- **Imperativ** (Befehlsform): *komm!*

Je nachdem, ob jemand oder etwas handelt oder ob etwas mit ihm geschieht, unterscheidet man zwei Formen des **Genus Verbi**:

- **Aktiv**: Ich *fahre* nach Hause.
- **Passiv**: Ich *werde* nach Hause *gefahren*. (Hilfsverb „werden" oder „sein" + Partizip Perfekt)

---

4 Setzen Sie die Wörter in Klammern in der richtigen Form ein.

Für die _____ (älter) Generationen und selbst für die Jugendlichen _____ (darstellen) sich „die Jugend" als eher unüberschaubare Artenvielfalt _____. Eine Marktstudie der _____ (wichtig) Konsumindustriezweige _____ (sprechen) von über 400 allein in Deutschland wahrzunehmenden Jugendkulturen. Aber darum _____ (verloren sein) für die Marktinteressen der Industrie Hopfen und Malz noch lange nicht _____. Nicht zuletzt der _____ (kommerziell) Musikmarkt, insbesondere die großen Fernsehsender nach _____ (US-amerikanisch) Vorbild, _____ (vereinnahmen) die Stile der Subkultur rasant. Eine Menge _____ (jung) Leute _____ (finden) es gar nicht gut, dass ihre Kreativität kommerziell ausgenutzt wird. Doch nur eine Minderheit von ihnen _____ (widerstehen) der Versuchung des Mainstreams. Ich und du _____ (verstehen) jedenfalls nicht, wie die in der New Yorker Bronx an den Hinterteilen _____ (so genannt) Gangsta Rapper _____ (stilisiert) Baggy Pants an die Astralkörper _____ (europäisch, wohlsituiert) Mittelschichtkinder _____ (gelangen können). Die Mehrheit der Jugendlichen _____ (sein) vor allem eines: Konsument.

2 Minimalgrammatik

Verben: Tempusformen richtig bilden

5 a Ergänzen Sie in den folgenden Sätzen die finite Form des Verbs. Achten Sie auf die richtige Zeitform.
b Fällt es Ihnen in Einzelfällen schwer, die richtige Zeitform zu bilden? Probieren Sie rechts neben dem Satz Schreibweisen aus.
c Lesen Sie den nachfolgenden Infokasten und prüfen Sie dann Ihre Schreibweisen. Greifen Sie erst danach zum Lösungsheft, um Ihre Entscheidung zu überprüfen.

1. Bäcker _buken_ die Brote früher von Hand. (backen)
2. Dieses Argument _bewog_ ihn gestern, seine Meinung zu ändern. (bewegen)
3. Der Fels _barst_ unter dem Druck. (bersten)
4. Sie hörte dies und _erbleichte_. (erbleichen)
5. Die Pflanze _gedieh_ im vergangenen Sommer prächtig. (gedeihen)
6. Merlin hat das Unheil _____. (weissagen)
7. Hemden gehören über Nacht auf einen Bügel _gehängt_. (hängen)
8. Gestern hat der Schlüssel noch da _gehangen_. (hängen)
9. Am Anfang _schuf_ der Herr Himmel und Erde. (schaffen)
10. Ich _schaffe_ es nie, ihm zu verzeihen. (schaffen)
11. Der Schnupfen quälte ihn, er hat oft _geniest_. (niesen)

Die Verbformen

Im Deutschen gibt es wie in den meisten europäischen Sprachen Verben, die ihre Tempora durch Vokalveränderungen (Ablaut) im Verbstamm bilden. Man nennt sie **starke** (oder: **unregelmäßige**) **Verben**, z. B.: *nehmen – nahm – genommen* oder *bleiben – blieb – geblieben*. Es sind relativ wenige (etwa 200), aber häufig gebrauchte Verben.

Die allermeisten Verben sind so genannte **schwache (auch: regelmäßige) Verben**. Sie bilden ihre Tempora, indem an den Verbstamm verschiedene Endungen angehängt werden, z. B.: *sagen – sagte – gesagt* oder *kochen – kochte – gekocht*.

Einige wenige **gemischte Verben** bilden teils schwache, teils starke Formen, z. B.: *denken – dachte – gedacht*.

Manchmal entstehen **Unsicherheiten in der Tempusbildung**:
- Manche Verben (z. B. *schleifen*) können mit unterschiedlicher Bedeutung verwendet werden, und zwar in transitiver Form (z. B.: Er *schleift* Messer.) oder in intransitiver Form (z. B.: Das Rad *schleift*). **Transitive** (zielende) Verben verlangen ein Akkusativobjekt und lassen ein persönliches Passiv zu. Alle anderen Verben nennt man **intransitiv** (nicht zielend). Bei der Tempusbildung von Verben mit transitiver bzw. intransitiver Funktion hilft nur genaues Überlegen. Diese Verben können nämlich stark oder schwach konjugiert werden:

2 Minimalgrammatik

Beispiele: Er *schleift* Messer. (transitiv)   Das Rad *schleift*. (intransitiv)
Prät.(Part.I): Er *schliff* das Messer. (hat geschliffen)   Das Rad *schleifte*. (hat geschleift)
Die Mutter *wiegt* das Kind. (transitiv)   Das Kind *wiegt* viel. (intransitiv)
Die Mutter *wiegte* ... (hat gewiegt)   Das Kind *wog* ... (hat gewogen)

- Es gibt Verben mit Doppelformen ohne größere Bedeutungsunterschiede:
  wendete/wandte – sendete/sandte. *Verwendet* bedeutet „benutzt", *verwandt* bedeutet „ähnlich".
- Für einige Verben gibt es veraltete Formen, auf die man aber verzichten sollte, z. B:
  wurde, nicht *ward*; *backte*, nicht *buk*; *fragte*, nicht *frug*; *steckte*, nicht *stak*.
- Manchmal macht bei gemischten Verben die Bildung des Partizips II (Perfekt) Probleme.
  Man verwendet z. B. *gesalzen* statt *gesalzt*, *gespalten* statt *gespaltet*.
- Einige wenige Verben haben (bei gleichem Infinitiv) verschiedene Bedeutungen (Homonyme),
  so kann z. B. etwas *wiegen* (transitiv) sowohl „schaukeln" als auch „Gewicht messen" heißen.

6   **a**   Markieren Sie im folgenden Gedicht falsch verwendete Formen.
     b   Ersetzen Sie die falschen durch die richtigen Formen.
         Schlagen Sie Formen, bei denen Sie unsicher sind, in einer
         Grammatik nach. Auch in den gängigen Rechtschreibwörterbüchern finden
         Sie Listen der starken Verben und ihrer Formen.

Bruno Horst Bull

Ein schlechter Schüler

Als ich noch zur Schule gehte,   ging
zählte ich bald zu den Schlauen,
doch ein Zeitwort recht zu biegen,
bringte immer Furcht und Grauen.

5   Wenn der Lehrer mich ansehte,
sprechte ich gleich falsche Sachen,
für die andern Kinder alle
gebte das meist was zum Lachen.

Ob die Sonne fröhlich scheinte
10 oder ob der Regen rinnte:
wenn der Unterricht beginnte,
sitzt' ich immer in der Tinte.

Ob ich schreibte oder leste,
Unsinn machtete ich immer
15 und statt eifrig mich zu bessern,
werdete es nur noch schlimmer.

Als nun ganz und gar nichts helfte,
prophezieh mir unser Lehrer:
Wenn die Schule ich verlasste,
20 wörde ich ein Straßenkehrer.

Da ich das nicht werden willte,
kommte ich bald auf den Trichter,
stak die Nase in die Bücher,
und so werdete ich Dichter.

Den Konjunktiv bilden

 Analysieren Sie die folgenden Sätze.

„Wenn ich wüsste, wie ich lerne, hätte ich das längst gewusst!"

Welcher Modus liegt vor? Welche Bedeutung hat hier der Modus?

___

Sokrates behauptete: „Ich weiß, dass ich nichts weiß!"

Diese Behauptung lautet in indirekter Rede:

___

Ihr werdet das hier schon überstehen.

Diese Aussage im Futur (Indikativ) lautet im Futur II:

In wenigen Tagen _____.

Der Modus

Jede finite Verbform (▶ S. 13) ist auch durch das Merkmal **Modus** bestimmt.
- **Indikativ** (Wirklichkeitsform): Die Satzaussage wird als Tatsache, als wirklich dargestellt. Beispiel: Ei sage mir, du Sohn der Hölle, wenn das dich bannt, wie *kamst* du denn herein? (Goethe)
- **Konjunktiv** (Möglichkeitsform): Der Konjunktiv wird im Mündlichen selten gebraucht, ist aber in der Schriftsprache unverzichtbar. Es gibt zwei Formen des Konjunktivs. Der **Konjunktiv I** drückt einen Wunsch, eine Möglichkeit oder Aufforderung aus.
Der **Konjunktiv II** wird gebraucht, um Irreales, d. h. nur gedanklich Vorgestelltes auszudrücken.

Die Formen des Konjunktivs werden gebildet, indem an den Stamm des Verbs die Konjunktivendungen angehängt werden. Der Konjunktiv I wird vom Infinitiv abgeleitet, der Konjunktiv II vom Indikativ Präteritum. Beispiel: Sicherlich *kämen* sie beide, das Fest mit dem Vater zu feiern. (J.H. Voß)

Konjugation der schwachen Verben, Beispiel: *wählen (wählte, gewählt)*.

Tempusform	Konjunktiv I		Konjunktiv II	Zeitstufe – Zeitverhältnis
Präsens	ich wähle du wählest er (sie, es) wähle	wir wählen ihr wählet sie wählen		Gegenwart – Gleichzeitigkeit
Präteritum			ich wählte du wähltest	Vergangenheit – Vorzeitigkeit
Perfekt	ich habe gewählt du habest gewählt			
Plusquamperfekt			ich hätte gewählt du hättest gewählt er (sie, es) hätte gewählt	
Futur I	ich werde wählen du werdest wählen wir werden wählen		ich würde wählen du würdest wählen wir würden wählen	Zukunft – Nachzeitigkeit
Futur II	ich werde gewählt haben		ich würde gewählt haben	

2 Minimalgrammatik

Konjugation der starken Verben (mit Ablaut). Beispiel: *tragen (trug, getragen).*

Tempusform	Konjunktiv I	Konjunktiv II	Zeitstufe – Zeitverhältnis
Präsens	*ich trage* *du tragest*		Gegenwart – Gleichzeitigkeit
Präteritum		*ich trüge* *du trügest*	Vergangenheit – Vorzeitigkeit
Perfekt	*ich habe getragen* *du habest getragen*		
Plusquamperfekt		*ich hätte getragen* *du hättest getragen*	
Futur I	*ich werde tragen* *du werdest tragen*	*ich würde tragen* *du würdest tragen*	Zukunft – Nachzeitigkeit
Futur II	*ich werde getragen haben*	*ich würde getragen haben*	

Imperativ (Befehlsform): Die Satzaussage wird als noch nicht verwirklicht dargestellt; sie drückt eine Aufforderung/einen Befehl des Sprechers aus.
Beispiel: *Komm* in den totgesagten park und *schau.* (Stefan George)

▌ Bei schwachen Verben wird dem Stamm ein *-e* angehängt, z. B. *lege, rede, sage, mache.*
In der Umgangssprache entfällt dieses *-e* häufig; in der Schriftsprache sind heute beide Formen möglich.

▌ Bei starken Verben ist der Imperativ der reine Stamm, z. B.: *lieg, geh, bring, fang.*
Öfter wechselt aber der Vokal von *e-* zu *i-*, z. B.: *lies, wirf, vergiss, iss, nimm, gib, hilf.*

▌ Der Imperativ Plural ist bei allen Verben die 2. Person Plural Indikativ, z. B. *nehmt, holt, denkt.*

8 Das folgende Gedicht Erich Kästners steht als Gedankenexperiment im Konjunktiv II.
Schreiben Sie es ab und setzen Sie dabei die richtigen Verbformen für die Verben in Klammern ein.

Erich Kästner

Trostlied im Konjunktiv (1948)

(sein) ich ein Baum, (stehen) ich droben am Wald.
(tragen) Wolke und Stern in den grünen Haaren,
(sein) mit meinen dreihundert Jahren
noch gar nicht sehr alt.

5 Wildtauben (graben) den Kopf untern Flügel.
Kriege (reiten) und (klirren) im Trab
querfeldein und über die Hügel
ins offene Grab.

(humpeln) Hunger vorüber und Seuche.
10 (kommen) und (schmelzen) wie Ostern und Schnee.
(liegen) ein Pärchen versteckt im Gesträuche
und (tun) sich süß weh.

(klingen) vom Dorf her die Kirmesgeigen.
Ameisen (bringen) die Ernte ein.
15 (hängen) ein Toter in meinen Zweigen
und (schwingen) das Bein.

(springen) die Flut und (ersäufen) die Täler.
(wachsen) Vergissmeinnicht zärtlich am Bach.
Alles (vergehen) wie Täuschung und Fehler
20 und Rauch überm Dach.

(sein) ich ein Baum, (stehen) ich droben am Wald.
(tragen) Sonne und Mond in den grünen Haaren.
(sein) mit meinen dreihundert Jahren
nicht jung und nicht alt.

Den Konjunktiv in der indirekten Rede anwenden

Obwohl der Konjunktiv im mündlichen Sprachgebrauch eine sehr untergeordnete Rolle spielt, wird in Klausuren seine Beherrschung vorausgesetzt. Wichtig ist er für die Redewiedergabe.

9 a Formen Sie den folgenden Satz in die indirekte Rede um.
Der Atlantikforscher erzählt: „Ich erreichte gestern die Insel ohne mein Boot."

b Tragen Sie in Stichwörtern ein, was Sie in Bezug auf die folgenden Aspekte in Ihrer Umformung geändert haben.

Zeichensetzung:

Personalpronomen:

Tempus/Modus des Prädikats:

Sprecherbezogene Zeitangabe:

Possessivpronomen:

Der Konjunktiv in der indirekten Rede

Das wichtigste Signal für die Umformung der direkten (wörtlichen) Rede in indirekte Rede ist der Konjunktiv I. Er zeigt in der indirekten Rede an, dass kein wörtliches Zitat vorliegt, sondern eine sinngemäße Wiedergabe. Deshalb müssen in Klausuren (neben der Anpassung von Satzzeichen, Pronominalformen und sprecherbezogenen Angaben) Formen des Konjunktivs I verwendet werden, soweit sie vorhanden sind.

Das Tempus richtet sich ausschließlich nach dem Zeitverhältnis – ob also das Berichtete vor, während oder nach dem Berichtszeitpunkt geschieht (vgl. Tabellen ▶ S. 16–17). Bei Mehrdeutigkeit durch Formengleichheit wählt man Ersatzformen:

Formen des Konjunktivs:

K I Gegenwart: *er gehe*	K II Gegenwart: *er ginge*
K I Vergangenheit: *er sei gegangen*	K II Vergangenheit: *er wäre gegangen*
K I Zukunft: *er werde gehen* (selten Futur II: *er werde gegangen sein*)	K II Zukunft: *er würde gehen* (selten Futur II: *er würde gegangen sein*)

Ableitung/Bildung der Formen des Konjunktivs:

K I Gegenwart vom Infinitiv	K I Vergangenheit vom Ind. Perf.
K II Gegenwart vom Ind. Prät. (Diese Formen muss man also kennen; s. ▶starke Verben, ▶ S. 14)	K II Vergangenheit vom Ind. Plusquamperfekt
K I Zukunft und K II Zukunft: *werde* oder *würde* mit Infinitiv (▶ S. 13)	

> **Ersatzformen** bei Mehrdeutigkeit:
> Wenn Formen des Konjunktivs mit Indikativformen übereinstimmen, können sie verwechselt werden. Dann greift man auf Ersatzformen zurück.
> 1. Wenn der K I Gegenwart identisch mit Ind. Präs. ist, wählt man die Form des K II Gegenwart, z. B.: *ich gehe – ich ginge*.
>   Beispiel: *Der Forscher versicherte, die Eingeborenen **hätten** (statt: haben) ihn schließlich gerettet.*
> 2. Wenn der K II Gegenwart identisch mit Ind. Prät. ist, wählt man die Form des K II Zukunft, z. B.: *wir rieten – wir würden raten*.
>   Beispiel: Der Forscher versicherte, die Eingeborenen *würden* ihn *retten* (statt: retteten ihn).

 a Der folgende Auszug aus „Sutters Glück" von Adolf Muschg, erschienen 2001, steht in indirekter Rede. Formen Sie den Textauszug wieder in die übliche wörtliche Rede der Sprecherin um. Beachten Sie dabei Zeichensetzung, Pronominalformen, sprecherbezogene Aussagen und die Modalität.

Hat es nicht geschossen, Franz? habe sie ihren Mann gefragt. Es schießt ja die ganze Zeit, Irene, habe er geantwortet, da hinten ist der Schießstand, wo wir eben vorbeigegangen sind. Aber es hat
5 *anders* geschossen, habe sie geantwortet. Du hast etwas gehört, habe ihr Mann gesagt, und das sage er immer, wenn er sagen wolle, sie bilde sich etwas nur ein. Dabei sei er es, der nicht mehr gut höre, und von seinen Augen wolle sie gar nicht reden. Bei dieser Unterhaltung seien sie durch einen 10 Spaziergänger unterbrochen worden, der auf sie zugekommen sei, dort, zwischen den Bäumen hervor. Er habe gar nicht gerade gehen können, und auch nicht mehr geradeaus. Hin und her geschlenkert sei er auf dem Weg, wenig hätte gefehlt, und 15 er hätte sie gerempelt. Noch nicht halb drei, und schon sturzbetrunken, es ist eine Schande in dem Alter. R

„Hat es nicht geschossen, Franz?", habe ich

b Erklären Sie, warum die Konjunktivform „hätte" in Z.16 erhalten bleibt.

2 Minimalgrammatik

▰ Aktiv oder Passiv? ▰

 Bestimmen Sie die Prädikate in den folgenden Sätzen.

> 1. Das wird schon so sein. **3. Person Singular Indikativ Futur Aktiv von „sein"**
>
> 2. Das wird gemacht. _____
>
> 3. Das wird schon nicht so schlimm werden. _____
>
> 4. Das wird schon! _____
>
> 5. Bisher ist es noch immer etwas geworden. _____

Die Funktion von Aktiv und Passiv

Aktiv (A) und Passiv (P) geben die im Prädikat ausgedrückten Handlungen in verschiedener Sichtweise wieder – aus der Sicht des Handelnden (A) oder des Betroffenen (P):

(1) *Der Gärtner pflückte den Apfel.*
(2) *Der Apfel wurde vom Gärtner gepflückt.*
(3) *Der Apfel ist (frisch) gepflückt.*

Satz (1) und Satz (2) sind weitgehend bedeutungsgleich. Der Unterschied besteht darin, dass (1) sich mehr auf die Tätigkeit des Handlungssubjekts, (2) mehr auf die Rolle des Handlungsobjekts richtet.

Aktiv und Passiv bezeichnen also unterschiedliche Perspektiven derselben Handlung/ desselben Vorgangs.

- Das **Aktiv** kennzeichnet den Handlungsträger im Subjekt (als notwendiges Satzglied).

- Im **Passiv** ist der Handlungsträger häufig nicht genannt, kann aber als präpositionaler Ausdruck hinzugefügt werden (vgl. (2): *vom Gärtner*).

Wo das Passiv vorkommt
Kennzeichnet das Passiv einen Vorgang/eine Handlung wie in Satz (2), spricht man vom **Vorgangspassiv** (Handlungspassiv). Es wird gebildet mit *werden* + **Partizip II**.

Das Subjekt einer Handlung kann aus unterschiedlichen Gründen verschwiegen werden:
- Es ist unwesentlich, z. B.: *Das Geschäft wird um 20.00 Uhr geschlossen.*
- Es ist unbekannt, z. B.: *Das Fahrzeug wurde gestern in den frühen Abendstunden aufgebrochen.*
- Es wird bewusst verschwiegen, z. B.: *Das Zeugnis wurde nicht vorgelegt.*
- Es gibt keinen eindeutigen personalen Träger (in solchen Fällen häufig im Aktiv Formulierung mit *man*), z. B.: *Man hat* den Obstgarten neu *angelegt.*

Kennzeichnet das Passiv einen Zustand wie in Satz (3), spricht man vom **Zustandspassiv**. Es wird gebildet mit *sein* + **Partizip II**.

Tipp: Das Passiv wirkt oft etwas umständlich oder gestelzt, manchmal auch „schief". Verwenden Sie in Ihren Klausuren möglichst aktive Formulierungen.

12 Kreuzen Sie an: Aktiv oder Passiv?

	Aktiv	Passiv
Das wird ganz auf deinen Einsatz ankommen.	☐	☐
Ihre Rechnung wird Ihnen (von uns) zugemailt.	☐	☐
Wir sind gut eingearbeitet.	☐	☐
Ihre Änderungswünsche wurden eingearbeitet.	☐	☐
Der Brief ist geschrieben.	☐	☐
Jessica wird nächste Woche siebzehn.	☐	☐

13 a Formulieren Sie die folgenden Sätze ins Passiv um.

Der Prüfer übergab den Führerschein.

☐ _____

Ich mag meinen Namen.

☐ _____

Du hast einen guten Ruf.

☐ _____

b Kreuzen Sie Passivformulierungen an, die Ihnen nicht korrekt zu sein scheinen. Begründen Sie, warum das so ist.

2 Minimalgrammatik

Den richtigen Kasus nach Präpositionen wählen

14 a Ergänzen Sie den folgenden Satz.

Das liegt außerhalb _____ .
                                   mein Vorstellungsvermögen

b Kreuzen Sie an.
Trotz seinem Widerstand muss sich der Präsident geschlagen geben. ☐ richtig ☐ falsch

> ### Präpositionen setzen ins Verhältnis
>
> Präpositionen treten (zusammen mit einem Artikel oder Pronomen) zu einem Nomen und erläutern, welches (logische, räumliche, zeitliche) Verhältnis es zum Verb einnimmt.
> Präpositionen selbst gehören zu den unflektierbaren Wortarten (▶ S. 11). Sie verlangen einen bestimmten Kasus des Nomens. Man nennt dies **Kasusrektion**. Präpositionen fordern **Genitiv**, **Dativ** oder **Akkusativ**. Bei manchen Präpositionen kommt es leicht zu Fehlern.

15 Schreiben Sie mit jeder der folgenden Präpositionen einen Satz auf ein gesondertes Blatt. Achten Sie auf den richtigen Kasus.

Außerhalb des Gartens wächst wenig.

Logische (kausale oder modale) Präpositionen (Grund oder Art und Weise)
abzüglich, angesichts, anlässlich, auf, auf Grund, aus, außer, bei, bezüglich, bis, dank, durch, einschließlich, entgegen, für, gegen, gegenüber, gemäß, in, infolge, kraft, laut, mangels, mit, mittels, nach, ohne, seitens, statt, trotz, über, um, um … willen, unbeschadet, ungeachtet, unter, von, vor, wegen, wider, zu, zuwider, zuzüglich

Lokale Präpositionen (Raum, Ort)
ab, an, auf, aus, außer, bei, bis, durch, entlang, fern, gegen, hinter, in, inmitten, innerhalb, jenseits, längs, nach, nahe, neben, nördlich, oberhalb, seitlich, über, um, unfern, unter, unterhalb, unweit, von, vor, zu, zwischen

Temporale Präpositionen (Zeit)
binnen, bis, gegen, in, innerhalb, nach, seit, um, vor, während, zeit, zwischen

Viele **Verben** sind mit Präpositionen zusammengesetzt. Je nach ihrer Verwendung spalten sie sich in einen verbalen und einen präpositionalen Teil auf und bilden eine Prädikatsklammer unter Verwendung einer Präposition, z. B.: **nach**denken – Sie denken über eine Lösung **nach**.

In bestimmten Verwendungszusammenhängen gibt es für dieselbe Präposition verschiedene Kasusrektionen: *schreiben an + Dat:* Kerstin schreibt an ihrer Facharbeit.
      schreiben an + Akk: Der Kurs schreibt an die Kultusministerin.

16 Prüfen Sie die folgenden Sätze auf richtigen Kasusgebrauch nach Präposition. Korrigieren Sie sie gegebenenfalls auf einem gesonderten Blatt.

1. Der Hauptbahnhof liegt gegenüber des Doms.
2. Eltern haben bezüglich den gesellschaftlichen Konventionen oft unterschiedliche Vorstellungen.
3. Auf Grund diesem fahrlässigen Handeln wird ihm nun bewusst, dass er Schuld auf sich geladen hat.
4. Trotz den Ermahnungen der Mutter ändert Clara ihr Verhalten nicht.
5. Die Erschießung Crampas' erfolgt ohne jeglichen Gefühlen von Hass oder Rache.

2 Minimalgrammatik

Tipp

Gerade die **Präpositionen + Genitiv** bereiten oft Schwierigkeiten.
Merken Sie sich Musterformulierungen!

▬ Mit Pronomen präzise formulieren ▬

a Markieren Sie im folgenden Märchenauszug die pronominalen Verkettungen durch Pfeile.
b Ordnen Sie die einzelnen Pronomen ihren Klassen zu.

Brüder Grimm

Die beiden Königskinder

Es war einmal ein König, der hatte einen kleinen Jungen bekommen, in dessen Sternbild hatte

gestanden, er würde von einem Hirschen umgebracht werden, wenn er sechzehn Jahre alt wäre.

Als er nun so herangewachsen war, da gingen die Jäger einmal mit ihm auf die Jagd.

Im Walde kam der Königssohn von den andern ab. Auf einmal sah er da einen großen Hirschen,

den wollte er schießen; er konnte ihn aber nicht treffen.

c Ersetzen Sie versuchsweise die Pronomen nach Möglichkeit durch Nomen und beschreiben Sie im Anschluss die sprachliche Veränderung.

Info

Die Pronomen

Formen des Pronomens sind:
- **Relativ**pronomen (rückbezüglich auf das Bezugswort; Relativsatzeinleitung): *der, die, das ...*
- **Personal**pronomen (persönlich; Ersatz für Nomen): *ich, du, er/sie/es, wir, ihr, sie ...*
- **Possessiv**pronomen (besitzanzeigend; kongruenter Begleiter für Nomen): *mein, dein ...*
- **Demonstrativ**pronomen (hinweisend; ersetzt oder begleitet Nomen): *dieser, jener ...*
- **Indefinit**pronomen (unbestimmt; ersetzt oder begleitet Nomen): *einige, alle, kein ...*
- **Interrogativ**pronomen (fragend; ersetzt oder begleitet Nomen; Einleitung des indirekten Fragesatzes): *wer? wie? was?*
- **Reflexiv**pronomen (rückbezüglich auf das Subjekt): *mich, mir, sich ...*

Pronomen sind für die **Textverkettung** besonders wichtig: Sie können an Stelle nominaler Wendungen stehen, zurück- und vorausweisen. Sie sorgen insofern für den strukturellen Zusammenhang des Textes und für stilistische Abwechslung.

Sie werden dekliniert und stehen in Kongruenz (▶ S. 12) mit einem begleiteten Nomen.

2.2 Sätze überarbeiten: Stolpersteine erkennen

Indem Sie Wörter grammatisch, sprachlich und (natürlich) thematisch richtig zu Sätzen verbinden und diese wiederum angemessen verknüpfen, schreiben Sie einen Text. Wie flüssig sich dieser liest und wie logisch sich seine Struktur offenbart, hängt auch von Ihrem Satzbau ab.

— Satzglieder bestimmen —

1 a Bestimmen Sie die Satzglieder des folgenden Satzes. Nehmen Sie die Umstellprobe zu Hilfe, wenn Sie unsicher sind, wie sich die Satzglieder voneinander abgrenzen.

| Lessing | verurteilt | den | sittenlosen | Adel | scharf. |

b Reduzieren Sie den Satz mit Hilfe der Weglassprobe auf die notwendigen Satzglieder.

c Erweitern Sie den Satz (Erweiterungsprobe) um ein weiteres Attribut, z. B. einen Relativsatz.

Info — Satzglieder

Die Grundbausteine eines Satzes sind die Satzglieder: **Subjekt, Prädikat, Objekt(e)** sowie **adverbiale Bestimmung(en)**. Sie lassen sich durch Proben ermitteln:

- Satzglieder übernehmen bestimmte Funktionen im Satz; sie bestehen aus Wörtern oder Wortgruppen. Die Satzglieder Subjekt, Objekt und adverbiale Bestimmung können auch durch Gliedsätze ersetzt werden. Was bei der **Umstellprobe** (Verschiebeprobe) in geschlossener Stellung (zusammenhängend) erhalten bleibt, gehört zu einem einzigen Satzglied. In einem Aussagesatz bleibt z. B. die Personalform des Verbs (flektierter Teil des Prädikats) immer an zweiter Satzgliedstelle (Prädikatskern) stehen,
  z. B.: Lessing beschreibt den sittenlosen Adel. Den sittenlosen Adel beschreibt Lessing.
- Satzglieder können durch Attribute erweitert werden. **Attribute** gehören fest zu ihren Bezugswörtern und werden mit diesen zusammen verschoben. Ihre Form richtet sich nach Genus, Kasus und Numerus des Bezugsworts (Kongruenz, ▶ S. 12). Attribute können durch Relativsätze ersetzt werden,
  z. B.: Den Adel, der sittenlos ist, beschreibt Lessing.
- Um welche Art von Satzglied es sich jeweils handelt, können Sie mit der **Frageprobe** ermitteln. Die folgende Tabelle gibt einen Überblick über die Satzglieder.

Satzglied	Subjekt	Prädikat	Akkusativobjekt
Frage	Wer?/Was?	–	Wen?/Was?
Beispiel	Der *Regen* macht traurig.	Ulla *schreibt* eine Erzählung.	Wir wissen *die beste Lösung*.
Besonderheit	ersetzbar durch Subjektsatz: *Dass es regnet, …*	Prädikate sind oft mehrgliedrig (Prädikatsklammer): Ulla *hat* lange daran *geschrieben*.	ersetzbar durch Objektsatz: Wir wissen, *dass …*

Satzglied	Dativobjekt	Genitivobjekt	Präpositionalobjekt
Frage	Wem?	Wessen?	Für wen/was?, Auf wen/was? ...
Beispiel	Traue *deinem Verstand*.	Wir gedenken *seiner*.	Er dankt ihm *für seine Hilfe*. – Sie erinnerte ihn *an seinen Termin*.
Besonderheit	–	wird selten verwendet	ersetzbar durch entsprechende Pronominaladverbien: Er dankt ihm *dafür*. Sie erinnert ihn *daran*.

Satzglied	adverbiale Bestimmung	Prädikative
Frage	Wann? Wie lange? Wo? Wohin? Warum? Wie? Mit welcher Folge? Wozu? Trotz wessen? Womit? ...	–
Beispiel	Sie kommt *morgen*. – Die meisten leben *in der Stadt*.	Karin wird *Ingenieurin*. – „*Nett*" ist rosa. (H. Böll) Sie schimpfte ihn *einen Hanswurst*.
Besonderheit	ersetzbar durch Adverbialsatz (▶ S. 28)	**Gleichsetzungsnominative** sind Ergänzungen zu den Verben *sein, werden, bleiben, scheinen* und *heißen*. **Gleichsetzungsakkusative** ergänzen die Verben *nennen, schelten, schimpfen, schmähen, heißen* und *taufen*.

➥ Mit der **Weglassprobe** reduzieren Sie Sätze auf die notwendigen Satzglieder. So können Sie ermitteln, ob ein Satzglied (syntaktisch) erforderlich ist oder als freies Satzglied weggelassen werden kann. Beachten Sie: Transitive Verben (▶ S. 14) z. B. fordern ein Akkusativobjekt, intransitive dagegen nicht:

Beispiel: Riesige Containerschiffe befördern heute Güter in großen Mengen.
Riesige Containerschiffe befördern Güter.

2 **a** Umkreisen und bestimmen Sie in den nachfolgenden Sätzen die Satzglieder. Nutzen Sie gegebenenfalls die Umstellprobe.

1 Niemand beherrscht alle Regeln. Subj. _____

2 Wir vertrauen der Kompetenz des Meisters. _____

3 Die Polizei verfolgt Raser auf Motorrädern. _____

b Satz (3) ist doppeldeutig. Begründen Sie, warum.

c Prüfen Sie, wie sich die syntaktische Anordnung der Satzglieder in Satz (3) auf den Sinn des Satzes auswirkt. Stellen Sie die Satzglieder so um, dass sich Ihrer Auffassung nach eine eindeutige Lesart ergibt.

▬ Kongruenzbeziehungen überprüfen ▬

3 Tragen Sie gedanklich in die Lücke des nachfolgenden Satzes nacheinander jede der Wortgruppen A bis D ein und achten Sie dabei auf die Kongruenz (▶ S. 12):

A das wichtige Ereignis   C die wichtigen Ereignisse
B ein wichtiges Ereignis   D wichtige Ereignisse

Die Wirkung _____ bleibt zunächst oft verborgen.

4 Ergänzen Sie in den nachfolgenden Sätzen die grammatisch korrekten Endungen.

Der Montblanc gehört zu den Alpen, ein_____ der größten Bergmassive Europas.
Am Kölner Dom, ein_____ der wenig_____ erhalten_____ gotisch_____ Großbauten, wird seit Jahrhunderten weitergebaut.
Die Kernspintomografie nutzt die Möglichkeiten neuest_____ bildgebende_____ Verfahren.
Die Aufgabe all_____ Beteiligt_____ ist der termingerechte Abschluss des Projekts.

> **Tipp**
>
> **Kongruenzfehler** lassen sich leicht vermeiden, wenn man den Numerus des Subjekts (▶ S. 12) ermittelt:
> - Ein Subjekt im Singular fordert ein Prädikat im Singular,
> - mehrere Subjekte im Singular oder ein Subjekt im Plural fordern den Plural des zugehörigen Prädikats.

5 Prüfen und überarbeiten Sie die folgenden Sätze. Bestimmen Sie den Numerus von Subjekt und Prädikat. Kreuzen Sie an, ob die Kongruenz richtig oder falsch ist.

	Kongruenz:	richtig	falsch

Ein Großteil der Drogen, die in Deutschland konsumiert werden, kommen aus Afghanistan. ☐ ☐

Subjekt: _____ → Prädikat: _____

Schon kommt die Vorsitzende und ihr Stellvertreter. ☐ ☐

Subjekt: _____ → Prädikat: _____

Eine ganze Reihe von Teilnehmerinnen hatten den Sinn der Rede anders verstanden. ☐ ☐

Subjekt: _____ → Prädikat: _____

Nur ein Prozent der Teilnehmer haben das Angebot eines verbilligten Intensivkurses wahrgenommen. ☐ ☐

Subjekt: _____ → Prädikat: _____

> **Tipp**
>
> Prädikative (▶ S. 25) hängen meist von einem Verb ab. Sie beziehen sich entweder auf das Subjekt des Satzes oder auf ein Akkusativobjekt.
>
> - In Kongruenz zum Subjekt steht der Gleichsetzungsnominativ, der die Verben *sein*, *werden*, *bleiben*, *scheinen* und *heißen* ergänzt, z. B.:
>   Er heißt *Karl-Heinz*.   Sie ist *Primaballerina*.

2 Minimalgrammatik

> ▪◦ In Kongruenz zum Akkusativobjekt steht der Gleichsetzungsakkusativ, der auf die Verben
> *nennen, schelten, schimpfen, schmähen, heißen* oder *taufen* folgt, z. B.:
>   Man heißt ihn *einen Dummkopf*.   Evelyn nannte ihn stets *ihren Liebling*.
>
> Achten Sie bei der Überprüfung der Kongruenz auf Kasus und Numerus.

6 Überprüfen Sie die Kongruenz in den beiden folgenden Sätzen. Welche ist gelungen, welche fehlerhaft?

Diese Beschäftigung mit Freizeitsportarten bleibt ein
wegweisender Beitrag zur Einschätzung des Freizeitverhaltens.   **Kongruenz:**   **richtig**   **falsch**

Subjekt: _____ Gleichsetzungsnominativ: _____ ☐ ☐

Wir heißen allzu oft Menschen einen armen Tropf.

Akkusativ: _____ Gleichsetzungsakkusativ: _____ ☐ ☐

▬ Sätze richtig strukturieren ▬

7 Unterstreichen Sie in den folgenden Satzgefügen den oder die Hauptsätze.

Dass ihr kommt, wissen wir bereits seit Langem, weil wir auch kommen.

Du kommst, wurde uns berichtet, und es ist uns eine Freude.

Satzreihe und Satzgefüge

Sätze werden nach ihrer Bauform in **Hauptsatz** (HS) und **Nebensatz** (NS) unterschieden. Der Hauptsatz ist ein selbstständiger Satz, während der Nebensatz immer vom Hauptsatz abhängt.
Im Hauptsatz steht die Personalform des Verbs (▶ S. 24) an zweiter Satzgliedstelle, im Nebensatz an letzter.

▪◦ Die Verbindung mehrerer Hauptsätze zu einem Gesamtsatz heißt **Satzreihe** (Parataxe). Eine Satzreihe kann durch nebenordnende Konjunktionen verbunden werden (z. B. *und, oder, aber*).

▪◦ Die Verbindung von Haupt- und Nebensatz (Hypotaxe) nennt man **Satzgefüge**. Nebensätze können durch unterordnende Konjunktionen (z. B. *weil, obwohl, dass, ob*) oder Relativpronomen eingeleitet werden. Sie können auch in einen Hauptsatz eingebettet sein. Ein Hauptsatz kann mehrere Nebensätze haben.

Zur Zeichensetzung ▶ S. 30–33.

▬ Gliedsätze richtig rückbeziehen ▬

8 Formen Sie die folgenden Sätze in stilistisch elegantere Adverbialsätze um.
Wählen Sie eine geeignete Konjunktion.

Wegen der Unwissenheit mancher Schüler kommt es zu peinlichen Stilbrüchen.

_____

Meist wiederholen sie dann nach Rückgabe unzulänglicher Klausuren doch die Grammatik.

_____

Nebensätze können eine bestimmte Stelle im übergeordneten Hauptsatz besetzen. Treten Sie an die Stelle eines Attributs, nennt man sie Attributsatz oder der Form nach Relativsatz. Treten sie an die Stelle eines Satzglieds (▶ S. 24 f.), nennt man sie Gliedsatz. **Gliedsätze** lassen sich in der Regel in einfache Satzglieder umformen (was stilistisch nicht immer ein Gewinn ist) und umgekehrt. Man unterscheidet je nach der Funktion eines Gliedsatzes zwischen Adverbial-, Subjekt- oder Objektsatz. Subjekt- und Objektsätze werden auch als Inhaltssätze bezeichnet.

Arten von Adverbialsätzen	
Funktion	**einleitende Konjunktionen (Auswahl)**
Temporalsatz (Zeit)	als, nachdem, bevor, während (gleichzeitig: = in der Zeit, in der), bis, solange, ehe
Kausalsatz (Begründung)	da, weil
Konditionalsatz (Bedingung)	wenn (= falls), sofern
Konsekutivsatz (Folge)	sodass, so (im HS) – dass, ohne dass
Konzessivsatz (Einräumung, nicht ausreichender Gegengrund)	obwohl, obschon, wenngleich, wenn auch, wenn schon
Modal-/Instrumentalsatz (Art, Umstand, Möglichkeit des Zustandekommens)	indem, insofern – als, damit – dass
Finalsatz (Zweck, Absicht)	damit, dass, auf dass
Komparativsatz (Vergleich)	als ob, je – desto, als (wie) wenn, so – wie
Adversativsatz (Entgegensetzung, Gegensatz von Erwartung und Wirklichkeit)	ohne dass, anstatt dass, während (= im Gegensatz dazu)

Inhaltssätze sind Gliedsätze, die den Inhalt dessen angeben, was man *weiß, sagt, vermutet, hofft* oder *wünscht*, was *klar* oder *unklar* ist usw. Sie stehen meist bei Verben des Sprechens sowie der sinnlichen oder geistigen Wahrnehmung und Tätigkeit. Im Satz können sie die Rolle des Subjekts oder die des Objekts übernehmen:
- **Subjektsatz:** *Dass du das Buch liest*, gefällt mir. (Wer oder) Was gefällt mir?
- **Objektsatz:** Ich hoffe, *dass das Buch dir gefallen wird*. (Wen oder) Was hoffe ich?

▬ Das Subjekt kenntlich machen ▬

 Geben Sie an, wer oder was das Subjekt des unterstrichenen Teilsatzes ist.

Auf dem Bahnsteig angekommen, fuhr der Zug ab. _____

Die Regierung flog Spezialisten ein, um das Wasser abzupumpen. _____

Satzwertige Konstruktionen

Bestimmte Teilsatz-Konstruktionen, die in ihrem Kern einen **Infinitiv** oder ein **Partizip** enthalten, kommen in den gleichen Positionen vor wie Nebensätze und leisten das Gleiche (▶ S. 34). Sie sind verkürzt, denn sie haben kein Subjekt und kein finites Verb. Dennoch stehen sie in einem inhaltlichen Bezug zum Satz, der beim Formulieren mit zu bedenken ist.
Achten Sie darauf, dass Ihre Sätze nicht mehrdeutig werden.

    Also nicht: Wir tun alles für Sie, um reich und glücklich zu werden.
    Sondern: Wir tun alles für Sie, damit Sie reich und glücklich werden.

2 Minimalgrammatik

 a Tragen Sie hinter den Sätzen die passenden Bestimmungsmerkmale ein. Beachten Sie, dass ein Merkmal auf zwei Sätze zutrifft.

> (1) Ein Mangel an Lesekompetenz bedeutet weit mehr, als einfach nur ein paar Schwierigkeiten mit gewissen Texten zu haben. ____ (2) Es bedeutet, dass man tiefgreifende Lernprobleme bekommt. ____ (3) Mit der Lesekompetenz greift die PISA-Studie eine kulturelle Schlüsselqualifikation auf, die eine Vielzahl an Fähigkeiten und Strategien meint. ____ (4) Lesenlernen ist ein grundlegender Prozess, da er für fast jedes Weiterlernen unverzichtbar ist. ____ (5) Wenn man es so versteht, geht es beim Thema Lesenlernen auch um die Entwicklung unserer Lernfähigkeit. ____ (6) Mit dem wechselseitigen Lesenlehren und -lernen bietet sich ein Verfahren an, mit dem nicht nur leseschwache Kinder und Jugendliche unterstützt werden können. ____ (7) Dass so schon kurzfristig Erfolge erzielt werden können, gefällt nicht nur einigen Leseforschern. ____

Bestimmungsmerkmale:

- A HS, Relativsatz
- B Adverbialsatz (konditional), HS
- C HS, Infinitivsatz
- D HS, Adverbialsatz (kausal)
- E Objektsatz, HS
- F HS, Objektsatz
- G Infinitivsatz, HS
- H Subjektsatz, HS

b Finden Sie für mindestens zwei Sätze eine bessere Verknüpfung.

2.3 Grammatikfehler diagnostizieren – Trainingstext

Wenn Sie die Minimalgrammatik auf den Seiten 10 bis 29 durchgearbeitet haben, sollten Sie den folgenden Text ohne Schwierigkeiten überarbeiten und verbessern können.

 a Markieren Sie die Fehler und notieren Sie, um welche Fehlerart (▶ S. 3) es sich handelt.
b Gleichen Sie Ihre Ergebnisse mit den Lösungen ab. Falls Sie Fehler übersehen haben, sollten Sie die betreffenden Seiten erneut durcharbeiten.

> (1) Sprache ist ein besonders ausgefeiltes Kommunikationssystem. (2) Die Übertragung von Schallwellen können das Verhalten der Menschen entscheidend beeinflussen. (3) Trotz den vielen unterschiedlichen Sprachen funktioniert der Vorgang im Prinzip immer gleich, weil es handelt sich um eine ähnliche Form des Informationsaustauschs. (4) Damit schafften sich Menschen die Möglichkeit, Wissen und Meinungen untereinander zu übermitteln. (5) Die Schrift ermöglichte den Individuen große Fortschritte, um die Informationen zu speichern. (6) Humboldt hat behauptet, mit der Schrift wird der Mensch erst zum Menschen.

3 Zeichensetzung

Satzzeichen gliedern Sätze und Texte, indem sie zeigen, was zusammengehört. Beim Sprechen gliedern wir unsere Rede durch Pausen und Betonung. Beim schriftlichen Text übernehmen Satzzeichen diese Funktion. Sie erleichtern es dem Leser oder der Leserin, Sätze gleich beim ersten Lesen so zu verstehen, wie der oder die Schreibende sie gemeint hat.

Manchmal sind Kommas erforderlich, um Missverständnisse zu vermeiden. Der folgende Satz hat keine Zeichen. Probieren Sie aus, was gemeint sein könnte, indem Sie ihn halblaut lesen:

> Laura meine Schwester und ich gehen heute ins Kino.

Sie haben sicher gemerkt, dass je nach Betonung (und je nach Kommasetzung) entweder zwei oder drei Kinokarten benötigt werden, weil Laura entweder eine Freundin oder die Schwester sein kann:

> Laura, meine Schwester und ich gehen heute ins Kino. (drei Personen)

> Laura, meine Schwester, und ich gehen heute ins Kino. (zwei Personen)

Eher als um das Vermeiden von Missverständnissen geht es aber darum, dem Leser beim Lesen eines ihm unbekannten Textes Unsicherheiten zu ersparen, die seinen Unwillen hervorrufen würden.

1
a Der folgende Text ist nur durch Punkte (Satzschlusszeichen) gegliedert. Versuchen Sie, ihn – am besten halblaut – flüssig zu lesen.
b Setzen Sie die fehlenden Zeichen.
c Lesen Sie den Text erneut halblaut.
d Gleichen Sie Ihre Lösung mit der Originalversion des Textes ab, die Sie im Lösungsheft finden.

Günter Kunert

Die Schreie der Fledermäuse *(Auszug, 1974)*

Während sie in der Dämmerung durch die Luft schnellen hierhin dorthin schreien sie laut aber ihr Schreien wird nur von ihresgleichen gehört. Baumkronen und Scheunen verfallende Kirchtürme werfen ein Echo zurück das sie im Fluge vernehmen und das ihnen meldet was sich an Hindernissen vor ihnen erhebt und wo ein freier Weg ist. Nimmt man ihnen die Stimme finden sie keinen Weg mehr überall anstoßend und gegen Wände fahrend fallen sie tot zu Boden. Ohne sie nimmt was sonst sie vertilgen überhand und großen Aufschwung das Ungeziefer.

Tipp

Wenn Sie beim Überarbeiten eigener Texte die Stellen prüfen, an denen Sie beim halblauten Lesen eine kleine Pause machen würden, haben Sie gute Chancen, an den richtigen Stellen „nach Gefühl" sinnvolle Zeichen zu setzen. Aber es gibt Konventionen, also Regeln, von denen der Leser oder die Leserin zu Recht erwartet, dass sie beachtet werden.

Darum gilt: **Kombinieren Sie beim Schreiben Gefühl und Regelkenntnis**, um die Satzzeichen so einzusetzen, dass sie das Lesen erleichtern.

3.1 Die drei Grundregeln der Kommasetzung

Das Komma dient als Lesehilfe; es ist Pausenzeichen und verdeutlicht die grammatische Gliederung des Satzes.

- **Grundregel 1**: Das Komma trennt Hauptsätze oder Haupt- und Nebensätze voneinander.
- **Grundregel 2**: Das Komma trennt in einem Satz alles ab, was den normalen Ablauf unterbricht, also Einschübe, Voranstellungen und Nachträge.
- **Grundregel 3**: Das Komma trennt die Glieder einer Aufzählung voneinander.

Für die **Kommasetzung nach Grundregel 1** ist es wichtig, dass Sie den **Satzbau** (▶ S. 27 f.) durchschauen.

Das Komma trennt in einer **Satzreihe** die Hauptsätze voneinander. Oft sind die Sätze in der Satzreihe durch nebenordnende Konjunktionen (z.B. „denn", „aber") verbunden.
- **Komma möglich**: Sind Hauptsätze durch die Konjunktionen *und, oder, bzw., entweder ... oder, nicht ... noch* oder durch *weder ... noch* verbunden, kann man aus Gründen der Lesefreundlichkeit ein Komma setzen, muss es aber nicht.

Ob es sich um vollständige Sätze handelt, können Sie prüfen, indem Sie die Subjekte und Prädikate (▶ S. 24) bestimmen, z. B.:

Die Musik wird leiser, das Spiel beginnt.

Analyse: Jeder Teilsatz hat ein Subjekt; das Prädikat steht an zweiter Stelle, also handelt es sich hier um eine Satzreihe.

Das Komma trennt in einem **Satzgefüge** Hauptsatz und Nebensatz voneinander. Der Nebensatz kann voran- oder nachgestellt oder eingeschoben sein.
- **Mit Komma**: Nebensätze werden in der Regel durch eine unterordnende Konjunktion (z. B. *weil, indem, sofern, falls*) oder ein Relativpronomen (z. B. *der, die, das, welcher, welches, welches*) eingeleitet, vor der oder dem immer ein Komma steht, z. B.:

Sie verhält sich so, weil sie nichts von diesen Plänen weiß.
Vor dem Haus steht Lena, die nichts Böses ahnt.

Ist der Nebensatz in den Hauptsatz **eingeschoben**, darf man das **zweite Komma** nicht vergessen, z. B.: Lena, die nichts von diesen Plänen weiß, geht ahnungslos auf ihn zu.

Hinweis: Werden unpersönliche Wendungen mit *es* (z. B. *Es ist schade,* dass ...; *Es stimmt,* dass ...) im Hauptsatz nachgestellt, entfällt das Personalpronomen *es* meist. Das Komma muss dennoch stehen, z. B.:

Es ist ungewöhnlich, wie Schlink im „Vorleser" das Thema NS-Vergangenheit behandelt.   HS , NS
Wie Schlink das Thema NS-Vergangenheit im „Vorleser" behandelt, *ist ungewöhnlich*.   NS , HS

 Unterstreichen Sie die Hauptsätze und setzen Sie die Kommas.

1. Wenn das Wetter schön ist und man im Freien sitzen kann treffen wir uns oft in der Stadt.
2. Es gibt mehrere Restaurants die im Sommer ihre Tische auf die Straße stellen.
3. Viele Leute die vom Einkaufen kommen ruhen sich gern bei einem Eis oder einer Cola aus.
4. Das Café Berlin ist besonders beliebt denn es liegt zentral und ist nicht zu teuer.
5. Dass es im Café Parlando oft Livemusik gibt und dass man dort auch etwas essen kann sind Vorteile die das Café Berlin nicht hat.
6. Andererseits ist das Parlando teurer als das Café Berlin. Es ist jedenfalls teurer als ich dachte.

Tipp

Das Komma, das einen **eingeschobenen Nebensatz** abschließt, muss auch vor *und* gesetzt werden, z. B.: Sie glaubt, **dass der Graf sie betrügt,** *und* will nun die Wahrheit wissen.

2 a Unterstreichen Sie die Konjunktionen und Relativpronomen, die die sechs Nebensätze im folgenden Text einleiten.
  b Setzen Sie alle notwendigen Kommas.

Günter Kunert

Fahrt mit der S-Bahn *(Auszug, 1968)*

Nur die Namen unterscheiden die Stationen deren Gleichartigkeit die Leute einfärbt dass sie sich auf einmal kaum noch unterscheiden lassen. Und weil sie das wissen halten sie während der Fahrt die Blicke hinter Zeitungen verborgen oder senken sie auf den Boden der sich ständig fortbewegt. Man weiß wie man selber aussieht und man erspart sich in den lebenden Spiegel gegenüber zu glotzen der bloß während der Fahrt einer ist.

Tipp

Um die **Kommasetzung nach Grundregel 2** richtig anzuwenden, müssen Sie sich klarmachen, was Satzglieder (▶ S. 24–25) und was Einschübe (Apposition), Voranstellungen und Nachträge sind, z. B.:
- **Einschub, zwei Kommas,** z. B.: In der zweiten Szene tritt Julia, *Marcels Schwester*, auf.
- **Ausruf als Voranstellung,** z. B.: *Entschuldigung*, ich habe eine Frage.
- **Hervorhebung durch Voranstellung des Objekts,** z. B.: *Diesen Film*, den werde ich nicht so schnell vergessen.
- **Erläuterung durch Nachtrag:** Wir kommen am Sonntag, *und zwar gegen 23 Uhr*.
Nachgestellte Erläuterungen werden häufig mit Ausdrücken wie z. B. *d. h., und zwar, und das, also, vor allem, besonders, insbesondere, nämlich, genauer, z. B., zumindest* eingeleitet.

Einen Einschub und einen Nachtrag kann man – statt durch Kommas – auch durch **Gedankenstriche** kennzeichnen; das bewirkt eine stärkere Hervorhebung.

Achtung: Lange Subjekte, Attribute (▶ S. 24) oder adverbiale Bestimmungen (▶ S. 25) werden **nicht** durch ein Komma abgetrennt, z. B.:
  Die in den früheren Jahren erschienenen Romane der Autorin behandeln andere Themen.
  In den früher erschienenen Romanen der Autorin geht es um andere Themen.
  Fontane übt *in seinem 1888 erschienenen Roman* Kritik am Standesdenken seiner Zeit.

Trennen Sie Einschübe, Voranstellungen und Nachträge durch Komma vom Rest des Satzes. Setzen Sie nicht zu viele Kommas.

Zugegeben sein Verhalten wirkt zunächst befremdlich.
Trotz der zu erwartenden Hitze fahren wir im August in den Süden und zwar in die Provence.
Nächste Woche vielleicht auch erst übernächste fahren wir los.
In langen Sommerferien lese ich gern dicke Bücher z. B. historische Romane wie den „Medicus".

Trennen Sie Einschübe und Nachträge durch Gedankenstriche ab.

> Forscher haben herausgefunden, dass beim Hören von Musik – unabhängig vom jeweiligen Hörer – auch die motorischen Zentren im Gehirn aktiviert werden. Es ist geradezu ein Zwang, sich beim Musikhören zu bewegen – und wenn es nur ein Finger ist. Größere Ansammlungen einzelner Menschen lassen sich mit rhythmischer Musik – gleichgültig ob mit Techno oder mit Karnevalsschlagern – ganz schnell zu einer Einheit zusammenschweißen.

Tipp

Bei der **Kommasetzung nach Grundregel 3** muss man beachten, ob die Glieder einer Aufzählung von Wörtern, Wortgruppen oder Teilsätzen durch nebenordnende Konjunktionen (z. B. *und/oder, sowie, bzw., weder ... noch, sowohl ... als auch, entweder ... oder*) verbunden sind. Denn dann steht kein Komma. In allen anderen Fällen wird es gesetzt.
- **Ohne Komma:** Das Dokument enthält Daten und Fakten sowie persönliche Zeugnisse.
- **Mit Komma:** Das Dokument enthält Daten, Fakten, persönliche Zeugnisse.

Aber: Ein Komma setzt man vor Konjunktionen, die einen Gegensatz ausdrücken (z. B. *sondern, aber, jedoch, vielmehr*) und vor anreihenden Konjunktionen (z. B. *einerseits ... andererseits, halb ... halb, teils ... teils*).
- **Mit Komma:** Das Dokument enthält Daten und Fakten, aber auch persönliche Zeugnisse.

a Ergänzen Sie die fehlenden Kommas.
b Unterstreichen Sie die Konjunktionen, die ein Komma zwischen den aufgezählten Elementen erforderlich machen, und umkreisen Sie Konjunktionen, die ohne Komma stehen.

> In dieser Stadt gibt es einen Hafen, schattige Plätze, verwinkelte Gassen und malerische, ein bisschen verfallene Häuser, aber auch prächtige Avenuen mit eleganten Cafés und Geschäften.
> In Paris haben wir weder den Eiffelturm, noch den Louvre besucht, sondern sind tagsüber einkaufen und abends ins Kino gegangen. Einerseits kann ich das verstehen, andererseits finde ich, dass man doch auch die für eine Stadt typischen Sachen ansehen sollte.

Tipp

Adjektive bilden manchmal mit dem folgenden Nomen eine **begriffliche Einheit**; wenn diese durch ein weiteres Attribut näher erläutert wird, handelt es sich **nicht** um eine Aufzählung und es steht **kein** Komma, z. B. *eine komplizierte mathematische Formel*. Gemeint ist, dass die mathematische Formel kompliziert ist, und nicht etwa, dass die Formel 1. kompliziert und 2. mathematisch ist.

 Setzen Sie Kommas.

> Angesichts der allgemeinen politischen Lage hörten wir mehrmals täglich Nachrichten.
> Immer raffiniertere bildgebende Verfahren machen die Wirkung von Musik im Gehirn sichtbar.
> Es handelt sich um sehr komplizierte, ganz moderne Untersuchungen.
> Die Sendung wurde mit sehr rhythmischen afrikanischen Trommelklängen eingeleitet.

3.2 Das Komma bei Infinitiv- und Partizipgruppen

- Eine **Infinitivgruppe** (▶ S. 28) wird durch Komma vom Rest des Satzes getrennt, wenn

  1. sie mit den Konjunktionen *um, ohne, statt, anstatt, außer, als* **eingeleitet** ist,
     z. B.:
     Ich fahre nach Köln, *um* dort ein Zimmer zu suchen.
     Ohne einen Augenblick zu zögern, nannte sie ihren Namen.
     Die anderen, *anstatt* die Warnung ernst zu nehmen, gingen einfach weiter.

  2. sie von einem **hinweisenden Wort abhängt**, z. B.:
     Darf ich Sie *daran* erinnern, mir die Bescheinigung zu schicken?
     Ins Ausland zu gehen, *das* war ihr großer Wunsch.

  3. sie von einem **Nomen abhängt**:
     Er hat die *Absicht*, sie zu retten.
     Bei dem *Versuch*, gemeinsam zu fliehen, werden sie überrascht.

  Bei bloßem Infinitiv kann das Komma zu 2. und 3. entfallen, also:
     Sie denkt daran (,) *zu kündigen*. Der Plan (,) *zu verreisen* (,) gefällt mir.

- In den übrigen Fällen ist es dem Schreibenden freigestellt, ein Komma zu setzen oder nicht, z. B.:
     Sie versucht(,) ihre Gefühle nicht zu zeigen.

- Eine **Partizipgruppe** wird durch Komma vom Rest des Satzes getrennt, wenn

  1. sie von einem **hinweisenden Wort abhängt**, z. B.:
     Auf diese Weise, einen Fuß vorsichtig vor den andern setzend, ging sie langsam weiter.

  2. sie **nachgestellt** ist, z. B.:
     Sie ging langsam weiter, einen Fuß vor den anderen setzend.

- Manchmal ist das **Komma als Lesehilfe** bei einer Infinitiv- oder Partizipgruppe erforderlich, um Sätze eindeutig zu machen oder Fehllesen zu vermeiden, also z. B.:
     Sie verspricht, *ihrer Mutter zu schreiben*.
     Sie verspricht ihrer Mutter, *zu schreiben*.

---

1 Unterstreichen Sie die Hinweiswörter und setzen Sie die Kommas.

> Die Stadt hat die Absicht, das Sportzentrum zu schließen.
> Wir wollen noch einen Versuch machen, Sponsoren zu finden.
> Wir sind trotzdem dafür, vor einer endgültigen Schließung noch abzuwarten.
> Jetzt schon aufzugeben, das kommt für uns nicht in Frage.

2 Setzen Sie Kommas, um den Sinn des Satzes eindeutig zu machen.
Manchmal sind mehrere Lösungen möglich.

> Ich hoffe, jeden Tag, im Meer, baden zu können.
> Wir empfehlen, ihm, das Geld zurückzugeben.
> Er hatte den Vertrag, leider, ohne ihn vorher genau zu lesen, sofort unterschrieben.
> Die paradoxe Wirkung des Lesens ist, uns von der Welt abzulenken und dabei einen Sinn für sie zu finden.

3.3 Zeichensetzung bei direkter Rede und Zitat

Direkte Rede

- Wörtlich wiedergegebene Äußerungen schließt man in **Anführungszeichen** ein.
- Wenn der Begleitsatz vorn steht, kündigt der **Doppelpunkt** die direkte Rede an; steht der Begleitsatz hinter oder zwischen der wiedergegebenen Äußerung, wird er **durch ein bzw. zwei Kommas abgetrennt.**
- Das Satzschlusszeichen einer nachgestellten wiedergegebenen Äußerung reicht für den ganzen Satz, z. B.:
  Sie riefen: „Kommt doch mit!" – „Kommt", sagten sie, „wir gehen noch aus."
- **Frage- und Ausrufezeichen** bei der Redewiedergabe bleiben erhalten, wogegen ein **Schlusspunkt** wegfällt, wenn der Begleitsatz hinter der wiedergegebenen Äußerung steht, z. B.:
  „Kommt ihr mit?", fragten sie. – „Wir kommen später nach", sagten die anderen.

1 Unterstreichen Sie die wörtlichen Redewiedergaben und setzen Sie alle fehlenden Zeichen.

Günther Anders
Der Löwe

Als die Mücke zum ersten Male den Löwen brüllen hörte, da sprach sie zur Henne: „Der summt aber komisch." „Summen ist gut", fand die Henne. „Sondern?", fragte die Mücke. „Er gackert", antwortete die Henne. „Aber das tut er allerdings komisch."

Anführungszeichen in Zitaten

Zitate (▶ S. 80, Umschlagklappe hinten) sind wörtlich wiedergegebene Äußerungen, also im Grunde nichts anderes als direkte Rede. Die Regeln für die Zeichensetzung sind daher gleich.

- Allerdings kommt es häufig vor, dass man ein **Teilzitat** in einen eigenen Satz einbaut, der dann mit einem **Satzschlusszeichen hinter den Anführungszeichen** (und ggf. der Quellenangabe) abgeschlossen werden muss, z. B.:
  Nach Ansicht von Deborah Tannen gibt es „geschlechtsspezifisches Gesprächsverhalten". Die Autorin räumt ein, dass ihre Forschungsergebnisse „dazu benutzt werden können, ungleiche Behandlung und ungleiche Chancen zu rechtfertigen" (Tannen 1991, S.13).
- Wird **innerhalb einer Redewiedergabe** in Anführungszeichen noch einmal etwas zitiert, so verwendet man einfache oder halbe Anführungszeichen, z. B.:
  Die Rezension beginnt mit den Worten: „Die Premiere von Lessings ‚Nathan' im Stadttheater war eine Überraschung."
- Durch Anführungszeichen kennzeichnet man einen Begriff, den man **kommentieren** will, z. B.:
  Der Begriff „groupthink" stammt aus den 70er-Jahren des vergangenen Jahrhunderts. Mit „groupthink" bezeichnet man ein Gruppendenken, das Kritik vermeidet.

- **Titel, Überschriften, Namen von Zeitungen** usw. werden im Satz durch Anführungszeichen gekennzeichnet. Wenn ein Artikel, der zum Namen gehört, verändert wird, bleibt er außerhalb der Anführungszeichen, z. B.:
    Der Roman „Die Blechtrommel" ist von Günter Grass. Die Hauptfigur der „Blechtrommel" ist Oskar Matzerath.
- Anführungszeichen werden auch als **Ironie-** oder **Distanzsignal** verwendet. Sie haben dann die Funktion, den Leser darauf aufmerksam zu machen, dass man ein Wort in einem besonderen Sinn verwendet, z. B. ironisch oder im Bewusstsein seiner Unangemessenheit, z. B.:
    Der „Einbrecher" war in Wirklichkeit ... Ganz offenbar findet er es „cool", mitzumachen.
    Im Mündlichen würde die Distanzierung durch eine kleine Pause oder ein eingeschobenes „angeblich" oder „wie man so sagt" angezeigt.

2 Häufig wird indirekte Rede mit wörtlich zitierten Begriffen kombiniert. Setzen Sie sinnvolle Anführungszeichen.

Viele kritisieren heute eine Politik, die auf ständiges Wirtschaftswachstum setzt; sie sagen, das „Weiter-so" genüge nicht, Deutschland müsse sich auf eine „Gesellschaft des Weniger" einrichten.

Stetig wird die Bedeutung der „weltweiten Durchsetzung von Menschenrechten" betont, aber bei Ländern, zu denen man freundschaftliche Beziehungen pflegt, wird dann nicht so genau hingeschaut.

3 Setzen Sie den Zeitungsnamen „Die Zeit" bzw. den Titel „Die Physiker" ein.

Diesen Artikel habe ich in „Die Zeit" gefunden.

Kennst du Dürrenmatts „Die Physiker"? – Meinst du das Theaterstück „Die Physiker"?

3.4 Zeichensetzung als Stilmittel: Semikolon, Doppelpunkt und Gedankenstrich

Semikolon, Doppelpunkt und Gedankenstrich können manchmal an Stelle eines Kommas gesetzt werden und sind ausdrucksvoller als dieses. Versuchen Sie, diese Zeichen auch für Ihr eigenes Schreiben zu nutzen.

Das **Semikolon** steht zwischen Hauptsätzen; es trennt stärker als ein Komma, aber weniger stark als ein Punkt.
Bei einer **Aufzählung** kann das Semikolon Gruppen verwandter Dinge abgrenzen. So weist bei der Aufzählung von Wortbedeutungen im Wörterbuch das Semikolon darauf hin, dass nach der Nennung von Synonymen weitere, und zwar unterschiedliche Bedeutungen aufgeführt werden, z. B.:
    Motiv: Beweggrund, Antrieb, Ursache; Leitgedanke; Thema einer künstlerischen Darstellung; kleinstes musikalisches Gebilde.

Mit dem **Doppelpunkt** kündigt man an, dass etwas Weiterführendes folgt. Er steht
- vor angekündigter **wörtlicher Rede**, z. B.: Sie fragt ihn direkt: „Was verschweigst du mir?",
- vor **Aufzählungen** und vor **Zusammenfassungen** oder **Folgerungen**.

Wenn nach dem Doppelpunkt ein vollständiger Satz folgt, schreibt man groß weiter, sonst klein, z. B.:
    Die Hauptfiguren haben eins gemeinsam: Sie sind auf der Suche.
    Themen seiner Romane sind: die Zeit nach 1945, der Wiederaufbau, die Teilung Deutschlands.

> **Achtung:** Kein Doppelpunkt, sondern ein Komma steht, wenn *d. h.* oder *nämlich* die Aufzählung einleitet, z. B.:
>
> > Seine Romane behandeln zeitgeschichtliche Themen, *nämlich* die Zeit nach 1945, den Wiederaufbau …
>
> Der **Gedankenstrich** kann in Einschüben und Nachträgen das Komma ersetzen; er wirkt stärker als das Komma. Innerhalb des durch Gedankenstriche abgetrennten Einschubs kann ggf. noch ein weiteres Zeichen stehen, z. B.:
>
> > Inzwischen wirst du die Prüfung – sicher mit gutem Ergebnis! – hinter dir haben.
> > Du hast die Prüfung bestanden – herzlichen Glückwunsch!

1 An den mit ▌ gekennzeichneten Stellen fehlt ein Satzzeichen. Verwenden Sie statt eines Kommas Semikolon, Doppelpunkt oder Gedankenstrich, um die Aussage klarer zu machen oder um etwas hervorzuheben.

> Die Ausbeutung des Menschen und die der Natur gleichermaßen zu bekämpfen ▌ diese Idee könnte sich als zukunftsfähig erweisen.
>
> Hungersnot im Niger, Swimmingpools in der Wüste ▌ woran es den einen mangelt, wird andernorts verschwendet ▌ Wasser, das „Erdöl des 21. Jahrhunderts".
>
> Musik aktiviert im Gehirn jene Bereiche, die den Menschen eigentlich ausmachen ▌ Gefühl, Intellekt und Bewegung ▌ und das alles gleichzeitig.
>
> „Der Mensch hat die Gabe der stellvertretenden Erfahrung ▌ darin besteht der Gewinn und der Genuss von Literatur." (Hartmut von Hentig)

3.5 Zeichensetzung anwenden – Trainingstexte

Um die Satzzeichen richtig zu setzen, müssen Sie den Text verstehen.

- Lesen Sie sich die Texte auf Seite 38 halblaut vor, sodass Sie die Sinnzusammenhänge verstehen, und setzen Sie die Kommas entsprechend. Setzen Sie *nicht zu viele* Kommas. Falls Sie dazu neigen, überlegen Sie jeweils kurz, ob es einen Anlass für ein Komma gibt, also ob eine der drei Grundregeln (▶ S. 31) zutrifft.
- Kontrollieren Sie Ihre Lösung anschließend mit Hilfe des Lösungsheftes.
  Überlegen Sie bei Abweichungen, welche Regel Sie nicht beachtet haben, und arbeiten Sie die betreffenden Seiten noch einmal gründlich durch. Wenn Sie an Stellen, wo die Lösung statt Komma ein anderes Zeichen vorsieht, nur ein (neutrales) Komma gesetzt haben, so ist das kein Fehler.
  Versuchen Sie aber auf Dauer, Doppelpunkt, Semikolon und Gedankenstrich in Ihr Repertoire einzubeziehen.

1 Ergänzen Sie die fehlenden Kommas

Zsuzsa Bánk

Der Schwimmer *(Auszug, 2004)*

Mein Vater hatte Arbeit in der Schokoladenfabrik. Er wartete Maschinen, sah dabei zu, wie Schokolade gerührt, geschlagen in Formen gegossen wurde, und wies neue Arbeiter ein. Er zeigte ihnen, wie sie Hauben über ihr Haar zu ziehen, wie sie Schokolade auf Kühltischen auszubreiten, wie sie Zucker abzuwiegen hatten. Pralinés mit Weinbrandfüllung stapelten sich in Zsófis Küche, Schokoladentafeln, Trinkschokolade in Tüten und Kuvertüre in Folie. Wenn wir Eva und Karcsi besuchten, brachten wir Pralinés mit. Jenö saß oft schokoladenverschmiert am Klavier, brach nach jedem Lied Stücke von einer Tafel und steckte sie in den Mund. Zsófi versorgte die Leute im Dorf mit Trinkschokolade in Tüten. Manchmal standen Kinder vor unserem Zaun und warteten, bis wir Schokolade an sie verteilten.

2 Im folgenden Text fehlen 22 Satzzeichen, ergänzen Sie diese. An einer Stelle wäre ein Doppelpunkt deutlicher als ein Komma. Es gibt zwei Einschübe, die Sie entweder durch Kommas oder Gedankenstriche vom Rest des Satzes abtrennen können.

Steven Roger Fischer

Sprache und Gesellschaft *(Auszug, 2003)*

Ich werde meinen Namen an die Stelle setzen, wo die Namen berühmter Männer geschrieben stehen, brüstete sich der sumerische König Gilgamesch vor fast 4000 Jahren und gab damit zugleich ein Beispiel für eine der wichtigsten Funktionen von Sprache: das Verkünden der eigenen Ansprüche. Die großen und kleinen Fragen in einer Gesellschaft spiegelten sich immer im Sprachgebrauch. Bereits die alten Ägypter wussten, dass, das Wort der Vater des Gedankens" ist und erkannten an, dass die Sprache Fundament und Baumaterial des sozialen Hauses unserer Gesellschaft ist. Auch der Aufbau und der Umbau dieses Hauses geschehen durch das Medium der Sprache. Die Sprache gibt–auf komplexen und subtilen Wegen–allen menschlichen Handlungen eine Stimme. Sie trägt, ermöglicht und stärkt auf vielfältigen Ebenen die menschliche Begegnung, von internationalen bis hin zu intimen Beziehungen.

Sprache signalisiert nicht nur, woher wir kommen, wofür wir einstehen und zu wem wir gehören, sondern verleiht auch unseren individuellen, geschlechtlichen oder ethnischen Rechten Geltung. Sie verschafft uns Zugang zur menschlichen Gesellschaft und macht anderen deutlich, was wir wollen und wie wir es zu erreichen gedenken. In der ganzen Geschichte beurteilten Menschen immer andere Menschen nach ihrer Sprache, ihrem regionalen Dialekt und sogar nach ihrer persönlichen Wortwahl. Die Menschen weisen einander nach Maßgabe ihrer Sprache–bewusst oder unbewusst–einen Platz in der Welt zu.

4 Rechtschreibung

Richtig schreiben heißt leserfreundlich schreiben. Eine falsche – und damit ungewöhnliche – Schreibweise lässt beim Lesen stocken, man wird abgelenkt und muss vielleicht sogar ein zweites Mal lesen. Wenn Sie wollen, dass Ihre Texte gern und ohne Mühe gelesen werden, müssen Sie das Lesen leicht machen. Dazu gehört außer einem übersichtlichen Schriftbild mit Absätzen und sinnvollen Satzzeichen eine normale, d. h. *der Norm entsprechende* Rechtschreibung.

Falls Sie am PC schreiben, nutzen Sie vermutlich die dem Progamm eigene **Rechtschreibprüfung**. Dieser dürfen Sie jedoch nicht blind vertrauen: Die Funktion kann z. B. *das* und *dass* nicht unterscheiden, macht Fehler bei der Groß- und Kleinschreibung und versteht erst recht nichts von Zeichensetzung. Zudem: Bei vielen Gelegenheiten müssen Sie mit der Hand schreiben und Ihren Text selbst überarbeiten.

4.1 Die Grundprinzipien der Rechtschreibung

Die Rechtschreibung ist nicht willkürlich, sondern sie folgt **Prinzipien**, deren Kenntnis man zum korrekten Schreiben nutzen sollte, auch wenn es – leider – Ausnahmen gibt.

Die drei wichtigsten Rechtschreibtipps

• Beachten Sie das **Lautprinzip**.
Wörter werden im Deutschen im Großen und Ganzen so geschrieben, wie man sie spricht.
Sprechen Sie Wörter, bei deren Schreibweise Sie unsicher sind, halblaut überdeutlich aus. „Verschlucken" Sie keine Silben und achten Sie genau auf die einzelnen Laute, z. B.:

Gleich-heit, Kon-junk-tion, in-te-ressant, vor-aus-setzen, Schritt-tempo, den (lang) oder *denn* (kurz).

• Berücksichtigen Sie das **Stammprinzip**.
Der gleiche Wortstamm bleibt in verschiedenen Wortformen und Zusammensetzungen gleich:
In *Herrschaft* steckt z. B. der Stamm *Herr-*, *du hältst* kommt von *halt-en* und *säubern* von *sauber*.
Durch **Ableiten** und **Verlängern** lassen sich viele Rechtschreibprobleme lösen, z. B.:

endlich → *Ende*, darum mit **d** und nicht mit **t**; *hart* → *härter*, also nicht mit **d**, sondern mit **t**;
er liest → *lesen*, darum mit einfachem **s**; *widerwärtig* mit **g** am Ende, denn → *widerwärtiger*;
dagegen *widerlich* → *widerlicher*.

• Beachten Sie aber auch das **Differenzprinzip**.
Gleich oder ähnlich lautende Wörter, die Unterschiedliches bedeuten, werden oft verschieden geschrieben, sodass man sie beim Lesen besser unterscheiden kann.

Prägen Sie sich beim Lesen das **Schriftbild** von Wörtern, die Sie selbst verwenden, ein.
Nehmen Sie bei **Wortpaaren** die Unterschiede bewusst wahr, z. B.:

viel – fiel, Stil – Stiel, ist – isst, Mann – man, Miene – Mine, bis – Biss/bisschen, Seite – Saite, wieder – wider, Wahl – Wal, Meer – mehr, malen – mahlen, Rad – Rat; den – denn, ihn – in, ihm – im, Maße – Masse.

 Entscheiden Sie über die richtige Schreibweise und begründen Sie.

t/d?	endlos? (Ende) _____	er wir_ _____
s/ß?	du lie_t _____	du hei_t _____
mit d?	am überzeugen_sten _____	am abgelegen_sten _____
mit t?	du häl_st _____	

Häufige Fehler vermeiden

Vielen Schreiberinnen und Schreibern unterlaufen Flüchtigkeitsfehler, die sich meist gegen Ende des Textes häufen. Hier hilft nur: die Arbeit so einteilen, dass einem Zeit und Kraft zum sorgfältigen Korrekturlesen (▶ S. 8) bleibt.

Manche Wörter werden besonders oft falsch geschrieben:

ähnlich
allmählich
am Abend, aber: abends
außer, außerdem

da**nn**
daran, daraus, darüber
das (Artikel) – da**ss** (Konjunktion)
dasselbe, **d**erselbe, **d**ieselbe – aber: das **G**leiche
davon, davor – aber: dafür
den (Artikel) – de**nn** (Konjunktion)
der/die andere

beide, die beiden

Charakter, **c**harakterisieren

Detail, detailliert

draußen

eigentlich
ein bisschen
ein**m**al, zwei**m**al, auf ein**m**al (aber: das erste **M**al,
    ein einziges **M**al, jedes **M**al)
endlich, endlos, endgültig
entscheiden, Entschluss (Präfix *ent-*)

fernsehen, sie sieht fern, der Fernseher
fiel, fielen – aber: viel, die vielen

gar nicht, gar nichts, gar kein, gar zu gern
gefährlich

du hältst

ih**m**, ih**n** (Personalpronomen)
ihr [kommt] – aber: Ihr [Brief] (höfliche Anrede)
i**m**, i**n** (Präposition)
interessant, Interesse, interessieren
irgendeiner, irgendetwas, irgendjemand, irgendwie

[ein] jeder, alles und jedes

je**tz**t
Jugend, Jugendliche

meistens, am meisten; das meiste, die meisten
(auch: das **M**eiste, die **M**eisten)

nämlich
-nis, -nisse (z. B. Erlebnis, Erlebnisse)

im **R**echt sein, es ist mir recht, es ist **u**nrecht
reparieren, Reparatur
Rhythmus

schuld sein, wer ist schuld?
        (aber: wer hat **S**chuld?)
seit [gestern]
sie liest – aber: ihr ließt es zu
[ihr] seid [gekommen]
Standard
stattfinden, es findet statt
die Stadt, stadtbekannt
tot, totschlagen
der Tod, todkrank, todmüde

vielleicht
vor, vorher; voran, voraus, vorüber
        (aber: fortgehen)

während
sie waren, er wäre
weiß, ich weiß
ihr wisst
wen (Frage- oder Relativpronomen)
wenn (Konjunktion)
wider = *gegen:* widersprechen, Widerstand
wieder = *noch einmal:* wiederholen,
    wiedergeben

Legen Sie sich eine **Rechtschreibkartei** an. Schreiben Sie Ihre persönlichen Fehlerwörter richtig auf Kärtchen und ordnen Sie diese Ihren Fehlerschwerpunkten (▶ S. 8) zu. Gehen Sie die Kartei immer wieder durch und schreiben Sie schwierige Wörter mehrmals richtig auf ein Blatt Papier.

a Lesen Sie die Wörter der Liste im Tippkasten laut und prägen Sie sich das Schriftbild ein.
b Bitten Sie jemanden, Ihnen die Wörter zu diktieren. Vergleichen Sie anschließend mit der Liste und nehmen Sie die Wörter, die Sie falsch geschrieben haben, in Ihre Rechtschreibkartei auf.

4.2 Lange und kurze Vokale – Dehnung und Schärfung

Vokale werden unterschiedlich lang gesprochen. Länge und Kürzungen werden durch unterschiedliche Schreibweisen gekennzeichnet.

Lange Vokale

- In den meisten Fällen werden die langen Vokale **a, e, o** und **u** gar nicht gekennzeichnet, z. B.: *Haken, Regen, Kuchen, Hof.*
- Einige schreibt man **mit nachfolgendem h**, z. B.: *Stahl, hohl, fühlen, Hahn, sehr.*
- Selten wird mit **Doppelvokal** geschrieben, z. B.: *Boot, Meer, Maat.* Ableitungen mit Umlaut verlieren den Doppelvokal, z. B.: *Paar – Pärchen, Boot – Bötchen.*
- Die meisten Wörter mit **langem i** werden mit *ie* geschrieben, z. B.: *Kies, liest, lieb.* Am Wortende erscheint das lange i immer als *ie*, z. B.: *Knie, nie, Biologie.*
  In Fremdwörtern schreibt man das lange i einfach als *i*, z. B.: *Maschine, Mandarine.*
  Selten sind Wörter mit *ieh*, z. B.: *siehe, Vieh, ziehen.*
  Ein langes *i + h* gibt es nur in: *ihm, ihn* und *ihr.*

Betonte kurze Vokale

- Nach einem betonten kurzen Vokal folgen fast immer zwei Konsonanten, z. B.: *halten, Lampe, bremsen, Ende, Stirn, klopfen, Luft.* Wenn Sie die Wörter laut sprechen, können Sie die Konsonanten gut hören.
- Hört man beim Sprechen nur einen Konsonanten, wird dieser beim Schreiben verdoppelt, z. B.: *flattern, bellen, Sommer, surren.*

Sonderfälle:
- Einige einsilbige Wörter wie z. B.: *bis, was, man, Bus,* er *hat,* ich *bin.*
- Statt Doppel-*k* schreibt man *ck,* statt Doppel-*z tz,* z. B.: *Lack, zucken, Tatze, hetzen.*
- In vielen Fremdwörtern (▶ S. 50) steht nach kurzem Vokal nur ein einfaches *k,* z. B.: *Doktor, direkt;* oder aber ein doppeltes *kk,* z. B.: *Mokka, Akkordeon.*
- Ein Merkspruch: Nach *l, m, n, r* – das merke ja! – folgt nie *tz* und nie *ck,* z. B.: *Walzer, stärken.*
- Bei Wortzusammensetzungen können drei gleiche Buchstaben aufeinandertreffen, z. B.: *Pass + Straße = Passstraße; Kunststofffaser, Schlussstrich* usw.

1 Legen Sie nach folgendem Muster auf einem gesonderten Blatt eine Tabelle an. Schreiben Sie möglichst viele Wörter in die Tabelle. Machen Sie sich bei jedem gefundenen Wort klar, ob die Kürzung oder Dehnung gekennzeichnet ist.

	a/ä	e	i	o/ö	u/ü
kurz	fasten, … Watte, …	Herz, … Welle, …	bitter, … sicher, …	Koffer, … Topf, …	brüllen, … und, …
lang	Sage, … wahr, … während, …	schwer, … sehr, … See, …	Liebe, nie, … Maschine, … geliehen, …	Woge, … Lohn, …	Bude, … Huhn, …

2 Manche Wörter unterscheiden sich durch Länge oder Kürze des Vokals, sie haben dann in der Regel auch eine unterschiedliche Bedeutung. Ergänzen Sie das jeweils „zweite" Wort mit langem Vokal. Einmal gibt es zwei Lösungen.

wenn	Hölle	innen	Kamm	in	Mitte	Stadt	füllen	bitten	still
wen									

4.3 Die Schreibung der s-Laute

s, ss oder ß?

- Das **stimmhafte (gesummte)** *s* wird immer als **einfaches** *s* geschrieben, z. B.: *lesen, Vase, riesig*.
- Für den **stimmlosen (scharfen)** *s*-Laut gibt es **drei verschiedene Schreibweisen:**

ss	Nach einem **betonten kurzen Vokal** schreibt man den stimmlosen *s*-Laut als **ss**, z. B. *küssen, der Kuss, er küsst, lass das, gewiss, Misserfolg*. **Achtung:** Die Endungen *-is* und *-us* werden mit einfachem *s* geschrieben, obwohl im Plural *ss* steht, z. B.: *Erlebnis – Erlebnisse, Bus – Busse*.
ß	Nach einem betonten **langen** Vokal oder einem Diphthong (Doppellaut: *ei, au* usw.) schreibt man den stimmlosen *s*-Laut als *ß*, z. B.: *grüßen – grüßt, Fuß – Füße, heißen – heißt, scheußlich*. **Achtung:** Ist der stimmlose *s*-Laut in anderen Formen des Wortes jedoch stimmhaft, so wird *s* geschrieben. Sie können dies durch Ableiten oder Verlängern herausfinden (▶ S. 39), z. B.: *sie liest – lesen, Glas – Gläser*.
s	In allen anderen Fällen wird *s* geschrieben, z. B.: *Maske, Knospe, Plasma, fast, kosten*.

❶ Machen Sie sich die Regeln zur Schreibung des stimmlosen (scharfen) *s*-Lauts klar, indem Sie die folgenden Wörter richtig ergänzen:

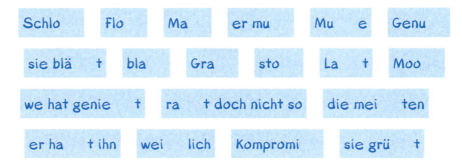

❷ Es gibt verschiedene Schreibweisen innerhalb einer Wortfamilie – ergänzen Sie die Beispiele in der folgenden Tabelle. Achten Sie dabei besonders auf die unterschiedliche Schreibung des stimmlosen *s*-Lauts.

Infinitiv	Präsens	Präteritum
gießen	er gießt	wir gossen
verlassen	sie _____	wir _____
_____	sie grast	sie _____
heißen	du _____	ich _____
müssen	ihr _____	ihr _____
_____	er _____	sie ließen
_____	sie isst	er _____
beißen	ich _____	wir _____
_____	du weißt	sie _____
_____	er _____	er wies [darauf] hin

4 Rechtschreibung

das oder dass?

Die Schreibung des Artikels *das* macht keine Probleme.
Unsicherheiten bezüglich der Schreibweise ergeben sich in Nebensätzen, wo der Relativsatz mit *das* von Nebensätzen mit der Konjunktion *dass* unterschieden werden muss.
Eine **Probe** hilft Ihnen, zu entscheiden: Für *das* kann man *dieses* oder *welches* einsetzen:
- **Artikel:** *das* Haus (ersetzbar durch: *dieses*)
- **Demonstrativpronomen:** *Das* ist richtig. (ersetzbar durch: *Dieses*)
- **Relativpronomen:** Das Wort, *das* hier steht, ... (ersetzbar durch: *welches*)

Die häufig gebrauchte **Konjunktion** *dass* leitet immer einen Nebensatz ein, der auch am Satzanfang stehen kann, z. B.: Ich finde gut, *dass* ihr morgen kommt. *Dass* ihr morgen kommt, finde ich gut.
Auch in zusammengesetzten Konjunktionen wie *ohne dass, anstatt dass, vorausgesetzt(,) dass; aus Angst, dass; zu ... als dass, sodass* und *so ..., dass* wird immer *dass* geschrieben.

1 a Prägen Sie sich typische Verwendungen für *dass* ein.
  b Vervollständigen Sie die folgenden Sätze.
  c Analysieren Sie Ihre letzten Kursarbeiten. Wenn die Schreibung der Konjunktion *dass* zu Ihren Fehlerschwerpunkten (▶ S. 8, S. 40) zählt, sollten Sie Ihrer Rechtschreibkartei für Sie typische Wendungen hinzufügen.

Oft war zu lesen, _____ .

Auf Seite 25 heißt es, _____ .

Es scheint, _____ .

Man sieht daran, _____ .

Die Argumentation wirkt nicht sehr schlüssig, so _____ .

Das klingt zu gut, als _____ .

Das kommt daher, _____ .

_____ , ist erstaunlich.

2 Ergänzen Sie in den folgenden Sätzen *das* oder *dass*. Begründen Sie Ihre Entscheidung.

Ich glaube nicht, _____ er _____ getan hat. _____

Sie hatte den ganzen Tag gewartet, ohne _____ Haus zu verlassen. _____

Sie ahnte das Unglück, ohne _____ ihr jemand etwas gesagt hätte. _____

_____ du dich jetzt ärgerst, ist verständlich. _____

Ich kann mir nicht vorstellen, _____ , was in der Zeitung steht, stimmt. _____

_____ ist _____ Foto, über _____ sie sich so aufgeregt hat. _____

Sie will nicht, _____ ich euch _____ Foto, _____ sie so hässlich findet, zeige. _____

43

4.4 Groß- und Kleinschreibung

Großgeschrieben werden Nomen und Eigennamen.
Alle anderen Wortarten schreibt man klein, sofern sie nicht am Satzanfang stehen.
Allerdings können praktisch alle Wortarten in der Funktion von Nomen gebraucht werden (Nominalisierung), was dann wiederum Großschreibung nach sich zieht.

▬ Nomen und Nominalisierungen sicher erkennen ▬

Nomensignale

1. Nomen und nominalisierte Wörter können:

- von einem Artikel, Pronomen, Zahlwort oder Adjektiv begleitet,
- mit einer Präposition verbunden
- und dekliniert werden.

die Zeit, *der* Tag, *das* A und O,
ihr Lieben, *vier* Personen, *leises* Klopfen
beim Lernen, *ohne* Wenn und Aber
die Kunst *des* Schweigens

2. Es gibt typische **Nachsilben** (Nominalsuffixe), an denen Sie Nomen erkennen können: Alle **Wörter auf *-heit*, *-keit*, *-ung*, *-nis* und *-ion*** sind Nomen und werden darum immer großgeschrieben.

3. **Adjektive** und als Adjektive verwendete **Partizipien** werden **nach Indefinitpronomen** (▶ S. 23) großgeschrieben, z. B.: *etwas Schönes, viel Überzeugendes, nichts Erfreuliches*.

Die Regel, dass nur Nomen und nominalisierte Wörter großgeschrieben werden, ist einfach. Schwieriger ist es, diese immer zu erkennen. Mit den folgenden Übungen können Sie trainieren, die im Infokasten genannten Kriterien anzuwenden.

 Ergänzen Sie die Tabelle: Welche Wortart wird hier als Nomen verwendet? Woran erkennen Sie das nominalisierte Wort?

	nominalisierte Wortart	Nomensignal
das Auswendiglernen	Verb	Artikel
im Voraus	Adverb	Präposition (+ Artikel)
etwas Erträumtes	Partizip (Verb)	Indefinitpronomen
eine Zwei		
ohne Hin und Her		
mein Kleines		
langes Überlegen		
drei Richtige		
das Erste		
beim Telefonieren		
nichts Neues		

Adjektive: Stolpersteine und Ausnahmen

- **Adjektive** werden trotz Begleiter **klein**geschrieben, wenn sie sich auf ein vorhergehendes oder nachfolgendes Nomen beziehen, z. B.: Die großen Fische fressen *die kleinen* [Fische]. – Er war *der erste* von acht Teilnehmern.
- Bestimmte **feste Verbindungen aus Präposition und unflektiertem Adjektiv** werden **klein**geschrieben, z. B.: *von fern, zu eigen, von klein auf, für wahr halten, schwarz auf weiß.*
- **Verbindungen aus Präposition und flektiertem Adjektiv** kann man **klein**- oder **groß**schreiben, z. B.: *von neuem – von Neuem, seit langem – seit Langem, ohne weiteres – ohne Weiteres.*

2 Vervollständigen Sie die folgenden Sätze wie im Beispiel vorgegeben.

> Sie überquerte die Straße, als die Ampel rot war.
> Sie überquerte die Straße bei Rot.

1. Mir war nicht klar, welche Konsequenzen das haben könnte.

   Ich war mir über die Konsequenzen nicht im _____.

2. Ich fand den Film gar nicht aufregend.

   Für mich hatte der Film _____.

3. Ein paar Details stimmen nicht ganz, aber im _____

   ist die Aufgabe richtig gelöst.

4. Mir war das völlig neu. Das war für mich etwas _____.

3 Entscheiden Sie, ob groß- oder kleingeschrieben werden muss. Streichen Sie den falschen Buchstaben.

1. Ich kann leider nur wenig g/Gutes berichten.
2. Wenn wir noch lange ü/Überlegen, ist der l/Letzte Bus auch fort.
3. Hierzu ist f/Folgendes zu sagen.
4. Ein f/Freundliches l/Lächeln kommt immer gut an.
5. Das ist im w/Wesentlichen richtig.
6. Nach langem h/Hin und h/Her fiel endlich die Entscheidung.
7. Im ü/Übrigen bleibt alles beim a/Alten.
8. Als e/Erstes Thema wurde die geplante Exkursion besprochen.
9. Als e/Erstes wurde der Zeitpunkt festgelegt, als n/Nächstes die genaue Route.
10. Ihr Hobby ist t/Tanzen; sie möchte am liebsten immer nur t/Tanzen.

Schlagen Sie bei Unsicherheit möglichst oft in einem Rechtschreibwörterbuch nach und studieren Sie dabei gelegentlich einen der Kästen mit Erklärungen.
Dadurch vertiefen Sie Ihr Verständnis für die Rechtschreibregeln.

Die höfliche Anrede

- Das Anredepronomen *Sie* und das entsprechende Possessivpronomen *Ihr* sowie die zugehörigen flektierten Formen schreibt man groß, z. B.:
    Soll ich *Sie* mitnehmen? Was ist *Ihnen* lieber: Möchten Sie *Ihren* Koffer in den Kofferraum oder auf den Rücksitz legen?
- Die vertraute Anrede, also *du, dich* usw. und *ihr, euch* usw., wird im Allgemeinen kleingeschrieben, z. B.:
    Wir treffen uns also bei *dir*. Rufst *du* Julia an?
    Ich habe zwar *deine* Nummer, aber nicht ihre.
    Kommt *ihr* mit? Wir holen *euch* ab. Vergesst *euer* Schwimmzeug nicht.
- In Briefen kann man sie aber auch großschreiben, z. B.:
    Liebe Julia, wann kommst *Du/du*? Ich freue mich auf *Euren/euren* Besuch.

Bei Briefen, in denen Sie die **Höflichkeitsanrede** verwenden, müssen Sie sich bei jedem *Sie, Ihr, Ihnen* klarmachen, ob es sich um Anredepronomen (groß) oder dritte Person Plural (klein) handelt.

4 Setzen Sie inhaltlich passende Anredepronomen in die Lücken und schreiben Sie sie richtig – groß oder klein!

Sehr geehrte Frau Meyer,

ich schreibe _____, weil ich von _____ Mieterin, Frau Merten, gehört habe, dass in _____ Haus in der Klosterstraße 15 zum 1. September eine Zweizimmerwohnung frei wird. Ich bin daran interessiert, _____ zu mieten, und bitte _____, mir mitzuteilen, ob _____ noch frei ist und wann ich _____ besichtigen kann. Es wäre nett, wenn _____ mich telefonisch benachrichtigen könnten: (0555) 12 34 56.

Ich danke _____ im Voraus und grüße _____ vielmals.

_____ Silvia Grundig

Tageszeiten und Wochentage

- Bezeichnungen für Tageszeiten und Wochentage werden **als Nomen großgeschrieben**. Kennzeichen sind wieder die Begleiter (▶ S. 44) z. B.: *der Morgen, dieser Morgen, gegen Morgen, am Mittag, eines Abends, des Abends, guten Abend sagen, an einem Samstagabend.*
- Die **Adverbien** zur Bezeichnung von Tageszeiten und Wochentagen werden **kleingeschrieben**. Man erkennt sie an der Endung *-s*, z. B.: *morgens, abends, drei Uhr nachmittags; sonntags, sonntagabends, wochentags.*
- **Kombinierte Formen:** Auch nach den kleingeschriebenen Adverbien *gestern, heute, morgen* werden die Tageszeiten als Nomen großgeschrieben: *gestern Abend, heute Morgen, morgen Nachmittag.*

4 Rechtschreibung

5 Schreiben Sie die Zeitangaben richtig am Rand neben den Text.

Manche sagen, MORGENS um acht sei die Welt noch in Ordnung. _____

Aber das stimmt nicht, MONTAGMORGENS jedenfalls stimmt es _____

nicht. Da bin ich immer noch so müde vom SONNTAGABEND. _____

Zugegeben, es wäre sicher besser, wenn ich am SONNTAG nicht _____

ausginge, jedenfalls nicht ABENDS spät. _____

Nun gut, MORGEN ABEND werde ich auf jeden Fall früh schlafen _____

gehen, damit ich ÜBERMORGEN zur Klausur ausgeschlafen bin … _____

Sprachen und Herkunftsbezeichnungen

- **Kleingeschrieben** werden **Adjektive** oder **Adverbien**, z. B.:
  Die französische Flagge ist *blau-weiß-rot*. Ihr wurde *schwarz* vor den Augen.
  Das kommt mir *spanisch* vor. Ein *deutsch-französisches* Wörterbuch.
- Achten Sie für die **Großschreibung** auf **Nomensignale** (▶ S. 44), z. B.:
  die Grünen, *dieses* Blau gefällt mir, [*das*] Schwarz steht mir nicht, *bei* Gelb solltest du anhalten; *das* Englische, *auf* Französisch, *im* Spanischen, *mein* Finnisch.
  Wir sprechen leider *kein* Russisch.
- **Großgeschrieben** werden **Herkunftsbezeichnungen auf -er**, z. B.:
  der Kölner Dom, die Londoner Musikszene, Schweizer Käse, die New Yorker Börse.

6 Schreiben Sie die Wörter in Großbuchstaben rechts neben den Text. Entscheiden Sie, ob groß oder klein zu schreiben ist; wenden Sie die Regeln aus dem Tipp oben an.

Im DEUTSCHEN gibt es viele Wörter aus dem _____

FRANZÖSISCHEN. Das Wort „Portmonee" zum Beispiel _____

kommt von dem FRANZÖSISCHEN Wort „porte-monnaie". _____

Wer weiß, was das auf DEUTSCH heißt? Vielleicht Elvira, _____

seit ihrem Aufenthalt bei einer PARISER Familie spricht sie _____

wirklich gut FRANZÖSISCH. _____

4.5 Getrennt- und Zusammenschreibung

Wörter werden – auch in Wortgruppen – im Deutschen in der Regel getrennt geschrieben. Zusammen schreibt man, wenn zwei oder mehr Wörter gemeinsam eine neue Bedeutung haben. Schwierigkeiten machen vor allem die Verbindungen mit Verben.

Verbindungen mit Verben

In der Regel **getrennt geschrieben** werden folgende Verbindungen mit Verben:

- **Nomen + Verb**, z. B.: *Angst haben, Auto fahren, Rad fahren, Not leiden, Anteil nehmen, Folge leisten*;
- **Infinitiv + Verb**, z. B.: *spazieren gehen, lesen üben, tanzen lernen, schwimmen gehen*.
  Aber: Bei im übertragenen Sinne gebrauchten Verbindungen mit *bleiben* und *lassen* kann zusammengeschrieben werden, z. B.: *in der Schule sitzenbleiben / sitzen bleiben*.
  Getrennt und zusammen richtig: *kennen lernen / kennenlernen*.
- Alle **Verbindungen mit sein**, z. B.: *da sein, vorhanden sein, zurück sein, pleite sein, schuld sein, beisammen sein*;
- **Adjektiv + Verb**, z. B.: *laut lachen, schnell laufen, kritisch lesen* (vgl. aber unten); **aber:** bezeichnen die Adjektive das Ergebnis eines Vorgangs (sog. resultative Adjektive) kann auch zusammengeschrieben werden, z. B.: *blank reiben / blankreiben*.
- **Partizip + Verb**, z. B.: *getrennt schreiben, gesagt bekommen, gefangen nehmen*; **aber:** bei übertragener Bedeutung ist auch Zusammenschreibung möglich: *verloren gehen / verlorengehen, bekannt machen / bekanntmachen*.

Als Nomen verwendet werden alle diese Verbindungen **zusammengeschrieben**, z. B. *das Radfahren, das Kennenlernen, das Beisammensein, etwas Selbstgebackenes*.

Zusammengeschrieben werden in der Regel Verbindungen

- aus **verblasstem Nomen + Verb**, z. B.: *heimkehren, irreführen, pleitegehen, preisgeben, standhalten, stattfinden, teilnehmen, maßhalten, kopfstehen, eislaufen, leidtun*. Der verblasste Wortbestandteil wird in manchen Formen abgetrennt, z. B.: *Er steht kopf. Ich gebe nichts preis.*
- aus einem **ersten Bestandteil, der nicht selbstständig vorkommt, + Verb**: *fehlschlagen, kundgeben, brachliegen, weismachen, wettmachen, innewerden*;
- aus **Partikel + Verb** (dabei liegt der Hauptakzent, die Betonung, auf der Partikel): *abh**a**ndenkommen, **auf**machen, ausein**a**ndersetzen, bev**o**rstehen, dab**ei**sitzen, dah**e**rkommen, durchein**a**nderbringen, über**ei**nstimmen, überh**a**ndnehmen, vor**a**nbringen, w**ei**tersagen, zuein**a**nderfinden, zus**a**mmentragen, zur**ü**ckkommen.*
  Aber: In manchen Fällen ist ein adverbialer Gebrauch möglich; dann werden beide Bestandteile betont und es wird getrennt geschrieben. Vergleichen Sie: *Ich würde gern dab**ei**sitzen / d**a**bei s**i**tzen. Im März werden wir uns w**ie**dersehen / w**ie**der s**e**hen.*
- aus **Adjektiv + Verb**, wenn eine **neue Gesamtbedeutung** entsteht; die Verbindung ist dann nicht wörtlich, sondern in einem übertragenen Sinn gemeint, z. B.: *klarmachen = etwas verständlich machen, sich näherkommen = sich besser kennen lernen, richtigstellen = etwas berichtigen, schwerfallen = etwas mit Mühe erledigen*.

 Erklären Sie die (hier korrekte) Getrennt- oder Zusammenschreibung der folgenden Verbverbindungen.

spazieren gehen	nahestehen	Fuß fassen	gegenüberstellen	das Kennenlernen	kundgeben
Inf. + Verb					
gefangen nehmen	Not leiden	wettmachen	lesen lernen	weissagen	schuld sein

4 Rechtschreibung

❷ Bilden Sie aus den Wortbestandteilen in der linken und in der rechten Spalte möglichst viele Verbverbindungen und schreiben Sie sie den Regeln entsprechend auf einem gesonderten Blatt getrennt oder zusammen auf.

leicht krank richtig schwarz
bekannt bereit tot

fallen schlagen stellen
arbeiten schreiben werden

Tipp

Schwierigkeiten mit zu?

Unterscheiden Sie: *Man muss die Tür zumachen. Da ist nichts zu machen.*
Probe: Im ersten Fall wird die Vorsilbe *zu*, im zweiten Fall das Verb betont.

❸ Ergänzen Sie die folgenden Sätze. Entscheiden Sie, ob getrennt oder zusammengeschrieben werden muss.

1. Jetzt habe ich vergessen, die Fenster _____ (zu schließen).
2. Könntest du bitte noch _____ (zu schließen)?
3. Können Sie mir das fest_____ (zu sagen)?
4. Er hat wirklich nichts _____ (zu sagen).
5. Wir könnten versuchen, hier _____ (zu parken).
6. Du darfst die Ausfahrt nicht _____ (zu parken).

Tipp

Immer **getrennt**: zu viel(e), wie viel(e), so viel(e).

Aber: Die **Konjunktion** *soviel* wird – ebenso wie *sobald, sofern, solange, sooft, soweit, sowie* – zusammengeschrieben. Bei der Konjunktion liegt die Betonung auf der letzten Silbe (*soviel, sofern*), während bei dem Adverb *so viel* beide Bestandteile betont sind. Unterscheiden Sie also:

Ich weiß *so viel* wie du.   **Aber:** *Soviel* ich weiß, kommen wir um zehn Uhr an.
Er hat *so lange* geschlafen. **Aber:** *Solange* er schläft, müssen wir leise sein.

❹ Schließen Sie die Lücken in den folgenden Sätzen. Wählen Sie geeignete Wörter aus:
zu viel   so viel   soviel   so weit   soweit   so bald   sobald

1. Habe ich euch _____ versprochen?
2. _____ ich weiß, ist der Roman von Theodor Fontane.
3. Wir rufen an, _____ wir ankommen.
4. Am 14. Juli war es endlich _____ , wir konnten fahren.
5. _____ die Augen reichten, gab es nur Sandstrand.

Tipp

Die Getrennt- und Zusammenschreibung ist ein nicht ganz einfaches Kapitel der Rechtschreibung. Schlagen Sie im Zweifelsfall in einem aktuellen (!) Rechtschreibwörterbuch nach.
In einigen Fällen sind **beide Schreibweisen richtig**, z. B.: *an Stelle von* und *anstelle von*, *zu Gunsten* und *zugunsten*, *in Frage stellen* und *infrage stellen*, *ernst gemeint* und *ernstgemeint*, *nicht öffentlich* und *nichtöffentlich*, *allein erziehend* und *alleinerziehend*, *gut gemeint* und *gutgemeint*, *selbst gebacken* und *selbstgebacken*, *Rat suchend* und *ratsuchend*, *ein Zeit sparendes Verfahren* und *ein zeitsparendes Verfahren*. Aber eben nicht in allen, am besten schlagen Sie in Zweifelsfällen nach.

4.6 Fremdwörter

Die Rechtschreibung der Fremdwörter ist schwierig, weil manche Fremdwörter an die deutsche Schreibweise angepasst werden, während für andere weiterhin die Regeln der Herkunftssprache gelten. Wenn Sie unsicher sind, sollten Sie nachschlagen, in einem Fremdwörterbuch oder auch in einem aktuellen Rechtschreibwörterbuch.

Wichtige Regeln zur Fremdwortschreibung

Einige Regeln gelten für die Schreibweise vieler Fremdwörter, sodass es sich lohnt, sie sich zu merken:

- Die Endungen *-in[e]*, *-ite* werden trotz des lang gesprochenen Vokals *i* nicht mit *ie* geschrieben, z. B.: *Termin, Maschine, Elite* (▶ S. 41).

- Ob **Konsonanten verdoppelt** werden oder nicht, lässt sich nicht nach den gängigen Regeln der deutschen Rechtschreibung entscheiden: Auch nach unbetontem kurzem Vokal kann bei Fremdwörtern verdoppelt werden, z. B.: *attraktiv, Differenz, suggerieren*; andererseits wird manchmal trotz kurzem und betontem Vokal nicht verdoppelt, z. B.: *Kamera, Ananas*. Schauen Sie in Zweifelsfällen in einem Rechtschreibwörterbuch nach.
Ein *s* wird nie verdoppelt, wenn ein weiterer Konsonant folgt, z. B.: *Floskel, Plasma, Distanz*.
Der *k*-**Laut** wird auch nach kurzem Vokal nicht zu *ck*, z. B.: *Charakter, aktiv, Sektor*.
Fremdwörter aus dem Lateinischen schreibt man manchmal mit *kk*, z. B.: *akkurat, Akklamation*.

- Der *t*-**Laut** wird häufig – bei Fremdwörtern aus dem Griechischen – als *th* geschrieben, z. B.: *Orthografie, Ethnologie, Rhythmus*.
Neuerdings darf man etliche Wörter auch mit einfachem *t* schreiben: *Tunfisch* neben *Thunfisch* und *Panter* neben *Panther*.

- Auch der *ph*- **Laut** deutet auf eine Herkunft aus dem Griechischen. Viele Wörter werden inzwischen mit *f* geschrieben, z. B. *Geografie, Foto, Megafon, Delfin*, können jedoch auch mit *ph* geschrieben werden.
Aber Vorsicht: Es bleibt bei *Philosophie, Phänomen, Metapher* und *Sphäre*.

- Die **Eindeutschung** führt dazu, dass es nicht selten zwei Schreibweisen gibt, z. B.: *Schikoree* (neben *Chicorée*), *Portmonee* (neben *Portemonnaie*), *Happyend* (neben *Happy End*), *puschen* (neben *pushen*), *Potenzial* (neben *Potential*).

1 Ergänzen Sie in den folgenden Wörtern den *s*-Laut: *s*, *ss* oder *c*. Schlagen Sie in einem Fremdwörterbuch nach, wenn Sie unsicher sind.

A_oziation	Ka_ette	Nuan_e
Balan_e	Kompo_t	Proze_
Chan_on	Kompa_	Reze_ion
Di_krepanz	Kri_tall	Sarka_mus
E_kalation	Mikro_kop	Terra_e
Ho_pital	Mu_kat	Tran_e

50

4 Rechtschreibung

2 Streichen Sie die falsch geschriebenen Wörter durch. Wenn Sie unsicher sind, raten Sie nicht, sondern sehen Sie lieber im Wörterbuch nach. Prägen Sie sich das Schriftbild ein, indem Sie die Wörter noch einmal in der richtigen Schreibweise neben die Zeilen schreiben.

diferenzieren	differentieren	differenzieren	_____
Dissonanz	Disonnanz	Dissonnanz	_____
Atmosphere	Atmosphäre	Athmosphäre	_____
Rhytmus	Rhythmus	Rythmus	_____
symetrisch	symmetrisch	symmethrisch	_____
Carakter	Charackter	Charakter	_____
Komission	Kommission	Kommision	_____
Sugestion	Sugesstion	Suggestion	_____
professionell	professionel	proffessionell	_____
Toleranz	Tolleranz	Tolerantz	_____

3 Ergänzen Sie die fehlenden Konsonanten. Die Beispiele sind alphabetisch geordnet – sehen Sie in einem Wörterbuch nach, wo Sie unsicher sind. Um sich das Schriftbild einzuprägen, sollten Sie die Wörter noch einmal auf ein Blatt Papier oder in Ihre Rechtschreibkartei schreiben.

A___ression   Kolo___e
A___ordeon   Ko___ando
A___arat   Komplo___
a___ozial   Kontro___e
a___oziieren   Nu___er
a___e___ieren   nu___erieren
Ba___ast   Pa___ast
Di___tat   pla___ieren
Dire___tor   Porze___an
E___e___t   pra___tisch
fa___tisch   progra___ieren
Ga___erie   Qua___ität
Gi___arre   su___estiv
Inspe___tor

4.7 Binde- und Trennstrich

Mit einem **Bindestrich** schreibt man **Zusammensetzungen** wie z. B. *die deutsch-französischen Beziehungen, i-Punkt, pH-Wert, eine 15-Jährige, die 800-Jahr-Feier* usw.

Bindestrich-Schreibung ist möglich und sinnvoll **bei komplexen, unübersichtlichen Zusammensetzungen**, um die beiden Bestandteile deutlicher erkennbar zu machen, z. B.: *Ich-Form, Kann-Bestimmung, Kaffee-Export, Lehrer-Schüler-Verhältnis.*

Wenn Sie mit Bindestrich schreiben, gilt für die Groß- oder Kleinschreibung folgende Regel:
Bei Nominal-Zusammensetzungen mit Bindestrich wird – unabhängig von der Wortart – **das erste Wort großgeschrieben**, die folgenden Bestandteile werden je nach Wortart klein- oder großgeschrieben. Nominalisierte Wörter gelten dabei wieder als Nomen, z. B.: *die Ich-Erzählerin, der Fulltime-Job, das Déjà-vu-Erlebnis, im O-Ton, die Mund-zu-Mund-Beatmung, das Auf-den-Punkt-Bringen.*

1 Machen Sie folgende Zusammensetzungen übersichtlicher, indem Sie sie mit Bindestrich schreiben. Beachten Sie dabei die Regeln zur Groß- und Kleinschreibung.

> das KOPFANKOPFRENNEN _____
>
> die CDURTONLEITER _____
>
> die DOITYOURSELFBEWEGUNG _____
>
> die 35STUNDENWOCHE _____
>
> das AUFUNDABGEHEN _____

> Der **Ergänzungsstrich** zeigt an, dass ein gemeinsamer Wortbestandteil ausgelassen wurde, z. B.:
> *Vor- und Nachteile, Hoch- und Weitsprung, be- und entladen; Gemüsesuppen und -aufläufe.*

2 Lassen Sie den gleich lautenden Bestandteil aus und kennzeichnen Sie die Auslassung:

> 1. aufwärts und abwärts _____
>
> 2. Übungsbücher und Übungshefte _____
>
> 3. Analysemethoden und Interpretationsmethoden _____
>
> 4. Standardlösungen und individuelle Lösungen _____
>
> 5. Wahlergebnis und Wahlbeteiligung _____

Silbentrennung am Zeilenende

Bei **aufeinander folgenden Konsonanten** kommt der letzte – abgetrennt mit einem **Trennstrich** – auf die neue Zeile z. B.: *sol-len, müs-sen, fan-gen, Hit-ze, ras-ten, imp-fen, bes-ter, knusp-rig.*
Aber: Nicht getrennt werden die Buchstabenverbindungen *ck, ch, sch; ph, th*, z. B.: *we-cken, Sa-che, mi-schen, deut-sche; Stro-phe, Zi-ther.*
Trennen Sie bei Zusammensetzungen nach Wortbestandteilen, also nicht *Julia-bend* (weil einzelne Vokale nicht abgetrennt werden dürfen, auch nicht in Zusammensetzungen), sondern *Juli-abend.*
Der PC trennt (meistens) richtig. Überprüfen Sie die Trennungen trotzdem und lernen Sie dabei für Ihren handschriftlichen Gebrauch, wie man korrekt trennt. Im Übrigen müssen Sie nicht trennen – also vermeiden Sie es, wo Sie unsicher sind oder wo die **Lesbarkeit** leiden könnte!

4.8 Fehlerdiagnose Rechtschreibung – Trainingstext

- Richtige Rechtschreibung ist nicht nur eine Frage der Regelkenntnis, sondern auch der Konzentration, besonders wenn Sie zu Flüchtigkeitsfehlern neigen.
- Konzentriertes Korrekturlesen kann man trainieren. Lesen Sie bewusst langsam, sprechen Sie den ganzen Text oder einzelne Wörter halblaut vor sich hin, ohne Endungen zu verschlucken.
- Wenn Sie merken, dass Sie zu schnell lesen, probieren Sie einmal Folgendes: Decken Sie den Text mit einem Blatt ab, das Sie nur nach und nach aufdecken.
- Wenn Ihnen ein Wort „komisch" vorkommt, schreiben Sie es zur Probe in anderer Schreibweise auf einen Zettel.
- Denken Sie an die Rechtschreibproben: Ableiten, Verlängern (▶ S. 39), kurz oder lang? (▶ S. 41), Nomensignale? (▶ S. 44)

 Für viele Schreibende ist die Groß- und Kleinschreibung die hauptsächliche Fehlerquelle.
Korrigieren Sie den folgenden Text, indem Sie alle Nomen und nominalisierten Wörter markieren.

Steven Roger Fischer

Weltsprache (*2003*)

Bald werden alle sprachen der welt bis auf einen kleinen überrest verschwunden sein und nur eine sprache für die ganze menschheit zurücklassen. Mit diesem verlust wird die neue globale gesell-
5 schaft einen bislang ungekannten grad an kommunikation erreichen, der allen bereichen des menschlichen handelns nutzen bringt. Wir werden einen großteil der kulturellen vielfalt der erde verlieren, aber gleichzeitig ein neues zugehörigkeits-
10 gefühl gewinnen, eine neue weltordnung. Viele befürchten jedoch, dass mit einer einzigen weltsprache die gefahr beispielloser politischer manipulation, propaganda und kontrolle wachsen wird. Der verlust der muttersprache führe, so meinen sie, zum verlust der kulturellen identität und zu 15 einem wachsenden gefühl der entfremdung. Eine weltsprache könnte vorteile bringen, aber vielleicht ist der preis dafür zu hoch. Wie immer die sprachliche zukunft der erde aussehen mag, die sprache wird sich weiterhin gemeinsam mit der 20 menschheit entwickeln, wie sie es seit etwa einer million jahren getan hat.

 Im folgenden Text gibt es 22 Rechtschreibfehler. Markieren Sie die Fehler im Text und schreiben Sie das Wort richtig an den Rand.

Über Stanislav Lem

Stanislaw Lem, 1921–2006, studierte Medizin und beschäftigte sich mit Physik, Kybernethik, Mathematik und Philosophie. Er gründete die Polnische
5 astronautische Geselschaft und arbeitete als Assisstent für angewante Psychologie. Er war als Übersetzer, Autoschlosser und Monteur tätig, befor er mit seinen Science Fiction Romanen
10 weltberühmt wurde. Er lebte mit seiner Frau, einer Radiologin, in der nähe von Krakau.
In vielen seiner Bücher hat Lem kümftige Entwicklungen wie die Gentechnik,
15 die Nanotechnik oder den Bargeldlosen Zahlungsverkehr vorher gesagt. Doch mittlerweile ist der erfolgreiche polnische Science-Fiction-Autor zu einem endschiedenen Kritiker dieser gattung geworden: Seine futurologi- 20
schen Visionen wie die reizvollen Ausflüge in den virtuellen Raum oder bemannte Flüge zu fernen Planeten seien nur Wahngebilde. In seinem vieleicht bekanntesten Roman „Solaris" steht der 25
Satz: „Wir brauchen keine anderen Welten, wir brauchen nur Spiegel." Statt über techniche „Wahnideen" schreibt er Heute lieber über den Umgang mit der kaum zu bändigenden modernen 30
Wissensflut und den gefehrlichen Trent zu „Wissensmonokulturen".

5 Stil und Ausdruck

Gedanken, die man im Kopf hat, kann man in Sätzen und Texten manchmal nicht ohne Weiteres so organisieren, dass sich eine logisch schlüssige Abfolge ergibt. Zudem schleichen sich im Eifer der inhaltlichen Arbeit nicht selten grammatische Fehler ein, die den Leser oder die Leserin eines Satzes ratlos zurücklassen.

Trainieren Sie, auch kompliziertere Überlegungen angemessen, richtig und elegant auszudrücken. Anhaltspunkte dazu gibt Ihnen dieses Kapitel.

5.1 „Ein vierstöckiger Hausbesitzer" – Gedanklich klar formulieren

Bisweilen ist man beim Schreiben von der Kompliziertheit einer Darlegung so gefangen genommen, dass diese völlig unangemessen zur Sprache gebracht wird. Liest man dann seine eigenen Sätze kritisch durch, stellt man fest, dass Einzelgedanken nicht klar genug aufeinander bezogen worden sind und dass die Aussage eher irreführend ist. Man spricht in diesem Fall von fehlender Textkohärenz.

> Die Sprachwissenschaft spricht von der Kohäsion eines Textes:
> - **Kohärenz** bezeichnet den *gedanklichen Zusammenhang* in einem Text;
> - **Kohäsion** meint die *sprachliche Gestaltung* dieses Zusammenhangs.

1 In den folgenden Sätzen sind alle Einzelangaben korrekt, jedoch unvollständig oder in eine unpassende Reihenfolge gebracht. Lösen Sie die falschen gedanklichen Bezüge auf, indem Sie die Sätze kohärent formulieren.

> Er ist ein vierstöckiger Hausbesitzer.
>
> Einige Arbeitgeber nutzen die positive Arbeitshaltung junger Arbeitnehmer aus, indem sie jeden Tag bis zu zwölf Stunden arbeiten.
>
> Konservative Theorien gehen davon aus, dass Verhaltensweisen vererbt werden, und progressive sind durch die Umwelt geprägt.

Die folgenden Sätze sind Aufsätzen über Lessings Drama „Emilia Galotti" entnommen. Sie geben ein anschauliches Beispiel für unklare Zusammenhänge.

2 a Arbeiten Sie die gedanklichen Sprünge heraus. Markieren Sie Aussagen, die in dieser Form nicht zueinander passen. (Führen Sie sich zunächst noch einmal vor Augen, was in dem Stück „Emilia Galotti" geschieht, ▶ S. 4.)

b Verbessern Sie die Sätze, indem Sie sie umschreiben und dabei klare gedankliche Bezüge herstellen. Achten Sie auch auf grammatische Kongruenz, ▶ S. 12.

> Achten Sie auf präzise Wortwahl, z. B.: Eine Schauspielerin *spielt*. Aber: Eine Figur *tritt auf*.

54

5 Stil und Ausdruck

A Mit der Rolle der Mätresse demontiert die Szene die Ideologie des Adels und steht in ständiger Konkurrenz, abgelöst zu werden.

B In der zu analysierenden Szene spielen einmal die Gräfin Orsina, welche eine gebildete, selbstbewusste Frau ist, andererseits Marinelli.

C Die Figur des Marinelli wird in dieser Inszenierung abstoßend dargestellt; dagegen wird die Figur der Orsina außergewöhnlich charakterisiert.

> **Tipp**
>
> Gern wird in Klausuren an entscheidenden Stellen die Konjunktion *als* vergessen, die insbesondere mit den Verben *beschreiben, darstellen, schildern, charakterisieren* oder *zeigen* einhergehen kann.

3 Wandeln Sie die folgenden Wortreihen in sinnvolle Sätze um. Entscheiden Sie, ob ein „als" eingefügt werden muss.

| Der Artikel | Politiker | charakterisieren | streitsüchtig. |

| Der Autor | Vorgänge | sehr anschaulich | schildern. |

| Der Historiker | Napoleon | darstellen | egozentrisch. |

▬ Aussagen logisch schlüssig aneinanderreihen ▬

4 Formulieren Sie die folgenden Sätze so um, dass eine sinnvolle und syntaktisch korrekte Reihenfolge von Einzelaussagen entsteht.

> Hanns-Josef Ortheils Roman „Die Nacht des Don Juan", verfasst im Jahr 2000, speziell der Auszug aus dem 22. Kapitel, thematisiert die Liebe.
>
> _____
>
> _____
>
> _____

> In seiner Rede stellt Präsident Bush Saddam Hussein als Feind (vgl. Z. 10) dar, der ihn angreift und er sich verteidigen müsse.
>
> _____
>
> _____
>
> _____

Tipp

Bei einem Kompositum (einem zusammengesetzten Wort) wird nur an das _letzte_ Teilwort logisch angeschlossen, z. B. mit einer Präposition.

5 Kreuzen Sie an, was die Aussage des folgenden Beispielsatzes ist.

Hier kann man die Interviewtechnik mit Politikern studieren.

☐ A Hier kann man die Technik eines Interviews mit Politikern studieren.

☐ B Hier kann man zusammen mit Politikern Interviewtechnik studieren.

6 In den folgenden Sätzen gibt es logische Stolperfallen. Arbeiten Sie diese heraus und schreiben Sie die Sätze logisch richtig zugeordnet neu auf.

> Die USA haben ihre Abzugspläne aus dem Irak präzisiert.
>
> _____
>
> _____

> Die Angehörigen waren sehr erfreut über die Rettungsaktion der verunglückten Crew.
>
> _____
>
> _____

> Wir lehnen diese Umgangsart mit dem Problem ab.
>
> _____
>
> _____

Den logischen Gehalt von Wörtern beachten

Beim Schreiben sollte man sich in vielen Fällen das, was gesagt werden soll, möglichst konkret vorstellen. Sonst kommt es zu unbedachten Formulierungen.

> **Tipp**
>
> Geben Verben eine Bewegungsrichtung an, muss diese immer vom Standpunkt des Sprechers aus definiert werden: Geht jemand **herein** oder **heraus**, **hinein** oder **hinaus**?

7 Streichen Sie jeweils den falschen Satz durch.

○ = Standort des Sprechers

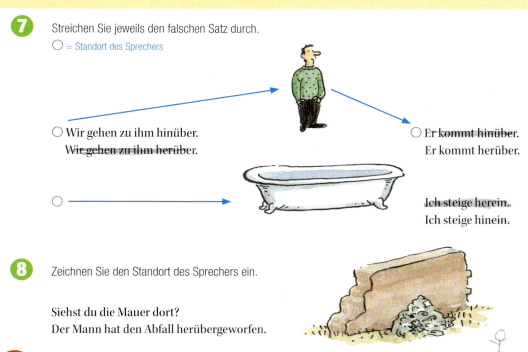

○ Wir gehen zu ihm hinüber.
~~Wir gehen zu ihm herüber.~~

○ Er ~~kommt hinüber.~~
Er kommt herüber.

~~Ich steige herein.~~
Ich steige hinein.

8 Zeichnen Sie den Standort des Sprechers ein.

Siehst du die Mauer dort?
Der Mann hat den Abfall herübergeworfen.

> **Tipp**
>
> „Zwischen" kann nur im Hinblick auf zwei verschiedene Sachverhalte A und B verwendet werden: zwischen A und B.
> Nicht gebraucht werden kann es, wenn nur ein einziger Sachverhalt A genannt ist, auch wenn A dem Sinne nach mehrere Personen oder Sachen umfasst.

9 In welchem der folgenden Sätze ist die Präposition *zwischen* falsch verwendet worden?
Markieren Sie diese Sätze und formulieren Sie sie um.

Zwischen dem Ehepaar kam es oft zu Streit.
_____

Bonn liegt zwischen Köln und Koblenz.
_____

Die Wähler konnten zwischen den beiden Parteien kaum noch unterscheiden.
_____
_____

Heute hat es zwischen der Mannschaft heftigen Streit gegeben.
_____

57

5.2 „Wir waren aufmerksam, trotzdem es spät war" – Sätze richtig konstruieren

Konstruktionsfehler machen es einem Leser oder einer Leserin schwer, die Aussage eines Satzes oder eines Textes zu verstehen: Grammatische Kongruenz (▶ S. 12) ist wichtig.

▬ Auf Kongruenz achten ▬

 Lesen Sie den folgenden Text.

> Clever und Smart wollen einen Stein aus einer Mauer ziehen. Sie verankern ein Seil an dem Stein und binden es an ein Motorrad, das von Clever gefahren wird. Smart sitzt hinten auf dem zweiten Sitz und verspricht, Bescheid zu sagen, wenn er sich lockert.

a Markieren Sie, welche Formulierung bei Ihnen Heiterkeit oder Verwunderung ausgelöst hat.
b Diese Formulierung beinhaltet ein Personalpronomen: Verbinden Sie dieses durch einen Pfeil mit seinem eigentlich gemeinten Bezugswort (▶ S. 23). Ziehen Sie eine weitere Linie zu dem Wort, auf das sich das Pronomen fälschlich bezieht.

2 a Markieren Sie in den folgenden Sätzen das Wort, das eine grammatische Beziehung falsch ausdrückt.
b Formulieren Sie die Sätze dann so um, dass eine grammatisch korrekte Aussage entsteht.

> Das lyrische Ich steht sehr unter dem Eindruck der Naturphänomene. Er fühlt sich befreit.

> Das Ehepaar hat versucht, durch eine Reise ihre Beziehung zu retten.

> Man kann hier eine Antithese erkennen, wo sich meine nächste Überlegung anschließt.

> Diese Äußerung verdeutlicht das Problem, was in dieser Geschichte im Mittelpunkt steht.

> Am Montag, den 12. Januar, soll es losgehen.

Haupt- und Nebensatz sinnvoll kombinieren

Konjunktionen schaffen Begründungszusammenhänge; werden sie falsch benutzt, geht die Logik verloren. Zudem gilt es, grammatische Bezüge zu beachten: Satzreihe (▶ S. 27) und Satzgefüge (▶ S. 27). In die Umgangssprache hat sich beispielsweise eine Verwendungsform der Konjunktion *weil* eingeschlichen, die falsch ist: „Hier steht ein Komma, *weil das ist* ein Nebensatz." Hier handelt es sich jedoch um einen Hauptsatz!

Tipp

Begründungszusammenhänge werden in Sätzen durch Konjunktionen hergestellt. Es gibt einige Konjunktionen, die gleiche Zusammenhänge schaffen, jedoch mit unterschiedlichen Folgen für den Satzbau:
- Sowohl *weil* als auch *denn* stellen einen kausalen (▶ S. 28) Begründungszusammenhang her. Die unterordnende Konjunktion *weil* leitet einen Nebensatz ein. Sie ist nicht mit der nebenordnenden Konjunktion *denn* zu verwechseln, die einen Hauptsatz anschließt, z. B.: Hier steht ein Komma, denn das ist ein Nebensatz.
- Sowohl *obwohl* als auch *trotzdem* schaffen einen konzessiven (▶ S. 28) Begründungszusammenhang. *Obwohl* leitet einen Nebensatz ein, *trotzdem* schließt in der Regel einen Hauptsatz an.

3 a Kreuzen Sie in der folgenden Zusammenstellung diejenigen Sätze an, die Ihrer Meinung nach verbessert werden müssen.
b Formulieren Sie diese Sätze richtig und schreiben Sie sie auf.

☐ Die Kursteilnehmer waren noch sehr aufmerksam, trotzdem es die sechste Stunde war.
☐ Wir mussten die Klasse räumen, denn die Decke war schadhaft.
☐ Wir sind froh, weil nun ist alles vorbei.
☐ Die Klausur war gut ausgefallen, obwohl der Stoff nicht lange geübt worden war.
☐ Wir sind erleichtert, weil es hat keine Verletzten gegeben.
☐ Der Spieler hatte einen Trainingsrückstand; trotzdem kam er in die Mannschaft.
☐ Heute kann der Spieler nicht eingesetzt werden, weil er hat sich verletzt.
☐ Die zweite Halbzeit wurde angepfiffen, trotzdem es sehr stark regnete.

5 Stil und Ausdruck

 Die folgenden Sätze beziehen sich auf Max Frischs Roman „Homo faber" und dessen Verfilmung.
a Prüfen Sie, inwieweit in den folgenden Satzgefügen die Einzelaussagen in Haupt- und Nebensätzen harmonieren.
b Verbessern Sie die Sätze, indem Sie Wörter streichen, ersetzen, umstellen oder ergänzen.

> Als Ivy, die während der Reparatur warten muss, sich verständnislos und spöttisch über seinen Technikwahn äußert, woraufhin Faber verärgert ist.

> Alles das, wofür Max Frisch in seinem Roman mehrere Seiten braucht, um Fabers Abneigung gegen Ivys Gewohnheiten zu verdeutlichen, genügen V. Schlöndorff in wenigen Bildern.

> Der Kontrast dazu ist das Weiße, Naive, symbolisiert durch den weißen Vorhang, denn Ivy liebt ihn noch und denkt, mit ihm weiterleben zu können, er aber nicht.

 Tipp

Vermeiden Sie **doppelte Konjunktionen**, schreiben Sie also z. B. nicht: Klärt das bitte, *weil wenn* das ausfällt, können wir jetzt fahren. Beenden Sie möglichst zunächst einen Nebensatz, bevor Sie mit einer Konjunktion einen weiteren untergeordneten Satz einleiten.

 a Unterstreichen Sie in den folgenden Sätzen doppelte Konjunktionen.
b Schreiben Sie die Sätze so um, dass diese doppelten Konjunktionen vermieden werden.

> Der Ausflug wurde abgesagt, weil wenn es einen Blitzschlag gibt, eine Gefahr für die Teilnehmer bestehen könnte.

> Er sagte, dass wenn die Noten so gut blieben, sie die Klasse überspringen könne.

60

Die prädikative Klammer nicht überdehnen

Im Deutschen kann man mehrteilige Prädikate (▶ S. 24) auseinandernehmen und die Teile des Prädikats an verschiedene Stellen des Satzes platzieren. In komplexen Satzgefügen werden die Bestandteile des Prädikats oft so weit auseinandergerückt, dass der Leser oder die Zuhörerin große Probleme hat, bei der Informationsaufnahme alles richtig einzuordnen, z. B.:

> Er *hat* das Gedicht in Berlin, wo er mehrere Jahre Philosophie studierte und eine junge Ärztin, die ihr Studium gerade abgeschlossen hatte, traf, *geschrieben*.

6 Lösen Sie die Überdehnungen in den folgenden Sätzen auf, indem Sie die Teile des Prädikats im Hauptsatz zusammenführen. Schreiben Sie die Sätze um; dabei können Sie auch mehrere Hauptsätze bilden.

> Orsina bleibt in dieser Szene, in der sie Marinelli, den Kammerherrn des Prinzen, der die ganze Intrige eingefädelt hat und auch den Tod von Emilias Bräutigam zu verantworten hat, durchschaut, standhaft.

> Vorher hatte sich der Prinz in Emilia, die er in einer Kirche gesehen hatte, wo sie vor ihrer Hochzeit zum Gebet weilte, verliebt.

5.3 „Das Stück ist komisch" – textartengerecht formulieren

1 Analysieren Sie den folgenden Satz und notieren Sie in Stichworten, was Ihnen dazu auffällt.

Im diesem Buch treten insgesamt nur vier Personen auf.

Die Analyse unterschiedlicher Textarten erfordert ebenso unterschiedliche Fachtermini. Besonders beim Schreiben von Interpretationsaufsätzen müssen Sie darauf achten, dass Sie den drei Gattungen Lyrik, Epik und Dramatik die jeweils richtigen Begriffe zuordnen. Auch müssen Sie Operationen wie Beschreiben, Berichten, Schildern und Erzählen auseinanderhalten, um angemessene, das heißt die jeweils erwarteten, Texte schreiben zu können.

2 Ordnen Sie die folgenden Fachtermini der richtigen Gattung zu, indem Sie eintragen:

- **1** für Epik,
- **2** für Drama,
- **3** für Lyrik.

Manchmal passen auch mehrere Zuordnungen.
Geben Sie sich dafür zwei Minuten. Gleichen Sie mit dem Lösungsheft ab: Wenn Sie viele Fehler gemacht haben, sollten Sie sich Ihre Kursunterlagen oder Ihr Lehrbuch unbedingt noch einmal gründlich anschauen.

Erzählperspektive	Figur	Metapher	Erzählbericht
Metrum	Typisierung	Symbol	Vers
Handlungsanalyse	Figurenrede	Motiv	Dialog
innerer Monolog	Intention	Szene	auftreten
Ironie	Thema	Ich-Erzähler	lyrisches Ich
geschlossene Form	erzählen	Tragödie	Topos
auktorialer Erzähler	Epilog	Akt	Kreuzreim
Alliteration	Erzählzeit	Verfremdungseffekt	Zeile

3 Schließen Sie in den folgenden Sätzen die Lücken. Wählen Sie dazu jeweils einen der Begriffe in der rechten Spalte aus. (In einigen Fällen sind zwei Möglichkeiten richtig.)

_____ in diesem Gedicht bleibt eher im Hintergrund.	Der Erzähler Der Sprecher Das lyrische Ich

Die Kurzgeschichte wurde von Heinrich Böll geschrieben. _____ _____ handelt von der Verlassenheit eines Jungen unmittelbar nach dem Zweiten Weltkrieg.	Das Stück Die Erzählung Das Buch
Emilia und Graf Appiani überleben das Intrigenspiel nicht. _____ _____ hat also einen tragischen Ausgang. Emilia stirbt auf der Bühne; von Appianis Tod erfährt der Zuschauer durch einen Bericht.	Die Geschichte Das Stück Die Tragödie
_____ ihres Gedichts stellt die Autorin die Vergänglichkeit einer vermeintlich ewigen Liebe dar.	Im zweiten Abschnitt Im zweiten Teil In der zweiten Strophe
_____ , erschienen in einer Wochenzeitung, behandelt die Frage, wie das Fernsehen unser moralisches Empfinden beeinflusst.	Dieses Teil Dieser Artikel Dieses Stück
In _____ 5 des Gedichts wird dies deutlich.	Zeile Vers Linie

Matrix zur Klassifikation von Schreiboperationen

Dargestellt wird ➤ etwas **Räumliches** (Gegenstands- oder Bildbeschreibung) ➤ ein sich **wiederholender Ablauf** (Versuchsbeschreibung)	**beschreiben** oder	**schildern**
	oder	oder
Dargestellt wird ein **einmaliger Vorgang** in der Zeit (Zeitungsbericht usw.)	**berichten** oder	**erzählen**
	Die Darstellung ist **objektiv** und **sachlich-nüchtern**.	Die Darstellung ist **subjektiv** oder aus einer bestimmten Perspektive gesehen.

 4 Verbinden Sie in der folgenden Tabelle jeweils ein Element aus der linken mit einem zugehörigen Element aus der rechten Spalte.

In seinem Roman „Die Blechtrommel" erzählt Günter Grass,	wie Volker Schlöndorff „Die Blechtrommel" verfilmt hat.
Auf dieser Seite wird geschildert,	wie Oskar Matzerath heranwächst.
In diesem Kapitel wird u.a. erzählt,	wie Oskars Großmutter in einem Standbild aus der ersten Filmsequenz auf einem Acker sitzt.
Dieser Text berichtet davon,	wie Oskar Danzig aus der Vogelperspektive wahrnimmt.
Unsere Aufgabe ist es zu beschreiben,	wie Oskar seine Mutter verliert.

5.4 „Langfristig" oder „langwierig"? – das richtige Wort wählen

1 Füllen Sie die Lücken in den Sätzen, indem Sie je ein Wort aus der rechten Spalte ergänzen (gegebenenfalls mit der entsprechenden Flexionsendung).

Das Erlernen einer Fremdsprache ist eine _____ Angelegenheit.	*langfristig* (auf lange Sicht) *langwierig* (viel Zeit beanspruchend)
Man merkt es daran, _____ sie ihn nicht ausreden lässt.	*weil* *dass*
Die Gliederung macht den Text übersichtlich und gut _____.	*lesbar* (inhaltlich aufzunehmen) *leserlich* (als Schrift zu entziffern)
Die Erklärung des Vaters war _____, denn sie passte nicht zu seinen bisherigen Ansichten.	*komisch* (zum Lachen reizend, wie in einer Komödie) *seltsam* (eigentümlich, eigenartig, merkwürdig)
Sie _____ ihrer Nachbarin, im Urlaub auf das Haus aufzupassen.	*bejahen* (nur mit Akk.-Objekt, ▶ S. 24) *bestätigen* (mit Dativ- und Akk.-Objekt)
Das ist ein weiteres Argument gegen die _____ von Aufklärung und Politshow.	*Vereinbarung* (Abmachung) *Vereinbarkeit* (etwas passt zueinander)
Das Ereignis, _____ in dieser Reportage im Mittelpunkt steht, ist ungewöhnlich.	*was* (Relativpronomen, das sich auf die gesamte Aussage des Bezugssatzes bezieht) *das* (Relativpronomen, das sich auf ein Bezugswort im Satz davor bezieht)
Dann musste ein zweiter Experte hinzugezogen werden, _____ nicht ungewöhnlich ist.	*was* *das*

2 a Lesen Sie die folgenden Sätze und richten Sie Ihr Augenmerk auf die fett hervorgehobenen Wörter. Diese sind falsch gebraucht.

b Notieren Sie eine verbesserte Fassung der Sätze und begründen Sie Ihre Veränderung.

Diese Szene **handelt von** einem Dialog zwischen Gräfin Orsina und Marinelli.
_____
Begründung der Veränderung:
_____

Emilia soll noch am **heutigen** Tag den Grafen Appiani heiraten.
_____
Begründung der Veränderung:
_____

Das richtige Adjektiv wählen

3 Ergänzen Sie das Adjektiv im folgenden Satz richtig.

Er hatte psych_____ Probleme.

Tipp

Unterscheiden Sie genau zwischen:

monat*ig*	→ gibt eine Dauer an
monat*lich*	→ gibt einen zeitlichen Rhythmus an, in dem etwas regelmäßig stattfindet
ration*al*	→ verstandesmäßig
ration*ell*	→ wirtschaftlich, kostensparend
form*al*	→ die Form betreffend
form*ell*	→ förmlich, unpersönlich, gesellschaftlichen Konventionen entsprechend
psych*isch*	→ seelisch
psych*ologisch*	→ die Seelenkunde/Psychologie betreffend
sozi*al*	→ gemeinschaftsbezogen, gesellig
sozi*ologisch*	→ im Rahmen der Gesellschaftslehre

4 Ergänzen Sie in den folgenden Sätzen die fehlenden Adjektivendungen. Achten Sie auch auf die grammatische Kongruenz (▶ S. 12).

Er hat sich nicht ration_____ verhalten, sondern sich von Gefühlen leiten lassen.

Sie haben ihnen einen form_____ Besuch abgestattet.

In letzter Zeit hatte sie wieder psych_____ Probleme.

Eine sozi_____ Betrachtung des Sachverhalts ergibt, dass zu 70 Prozent Kinder betroffen sind, die aus Migrantenfamilien stammen.

Bei der Bewertung dieser Klausur spielen auch form_____ Dinge eine Rolle.

In der Klasse 11 hatte sie einen dreimonat_____ Aufenthalt in Australien.

Dieser Zug verkehrt halbstünd_____.

Seine Handlungen sind ration_____ nicht nachvollziehbar.

Der Täter soll nun psych_____ untersucht werden.

Die Firma produzierte nicht ration_____ und musste Konkurs anmelden.

Sie benimmt sich mir gegenüber immer sehr form_____.

Das Schwimmbad hat ganzjähr_____ geöffnet.

Er hielt einen zweistünd_____ Vortrag.

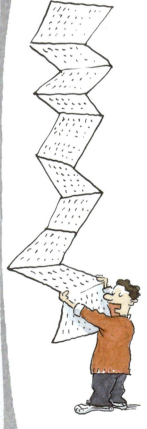

5 Stil und Ausdruck

▬ Präpositionen richtig verwenden ▬

Tipp

Sie verbessern die Qualität Ihrer Texte, wenn Sie mit der Präposition *durch* sparsam umgehen, unschön ist z. B.: Durch dieses Problem kam er nicht voran.

Durch kann man in vielen Fällen ersetzen, probieren Sie aus: *mittels* (+ Genitiv), *wegen, infolge* (+ Genitiv), *auf Grund, mit Hilfe* (+ Genitiv), *im Zusammenhang mit, im Hinblick auf*.

5 Ersetzen Sie in den folgenden Sätzen die Präposition *durch*, indem Sie eine Möglichkeit aus dem Kasten wählen. Achten Sie auf die Kongruenz (▶ S. 12), schreiben Sie rechts neben den Satz.

Durch die Krankheit musste sie die Klausur nachschreiben. _____

Durch das schlechte Wetter musste das Spiel ausfallen. _____

Durch einen Rollstuhl konnte er das Haus wieder verlassen. _____

Durch eine Steuerfahndung kam alles heraus. _____

6 Ersetzen Sie in den folgenden Sätzen je eine Präposition (s. auch ▶ S. 22). Achten Sie auf die Kasusrektion. Streichen Sie die ungeeignete Präposition durch und schreiben Sie eine Alternative rechts neben den Satz.

Auf kurz oder lang war mit dieser Katastrophe zu rechnen. _____

Die Kritik gegen dieses Verhalten ist nachvollziehbar. _____

Gestern hat sie sich über alles erfreut. _____

Ein Vergleich von München zu Hamburg zeigt das. _____

Er freut sich an der Note. _____

Die Unzufriedenheit über diese Zustände hat zugenommen. _____

Diesen Begriff kann man für diesen Sachverhalt anwenden. _____

7 Ergänzen Sie die Präpositionen, die auf die folgenden Adjektive, Verben und Nomen folgen. Vergewissern Sie sich, welcher Kasus auf welche Präposition folgt.

gewöhnt ____	gerecht ____	Bedürfnis ____	Interesse ____
geeignet ____	resultieren ____	Überfluss ____	Respekt ____
erstaunt ____	provozieren ____	Analogie ____	Kritik ____
vertraut ____	spekulieren ____	Ähnlichkeit ____	Verständnis ____
inspiriert ____	ableiten ____	Anzeichen ____	
grausam ____	anspielen ____	Konsequenz ____	
bedacht ____		Zugang ____	
interessiert ____		Appell ____	

66

5 Stil und Ausdruck

8 Streichen Sie in den folgenden Sätzen die falschen Formulierungen durch. Gehen Sie dabei davon aus, dass es sich um einen Klausurtext handelt, in dem ein gehobener Stil erwartet wird.

> **Seines Alters entsprechend/Seinem Alter entsprechend** zeigt er anfangs noch einige Naivität.
>
> **Ungeachtet dem Altersunterschied/Ungeachtet des Altersunterschieds** verstehen sich beide zunächst gut.
>
> **Entgegen seinen Erwartungen/Entgegen seiner Erwartungen** soll er ihr zunächst etwas aus einem Drama von Lessing vorlesen.
>
> **Trotz den Vorleseaktionen/ Trotz der Vorleseaktionen** entwickelt er ein starkes Interesse an den Treffen in ihrer Wohnung.
>
> In dieser Szene streiten sie sich **wegen dem gemeinsamen Auftritt/wegen des gemeinsamen Auftritts** in der Öffentlichkeit.
>
> Schließlich kommt es **angesichts ihren Verstrickungen/angesichts ihrer Verstrickungen** in den Nationalsozialismus zu einer langjährigen Trennung.

▬ „wo" ist nicht immer „wo"! ▬

Fälschlicherweise wird die Ortsangabe *wo* manchmal an Stelle eines Relativpronomens mit Präposition verwendet. Unterscheiden Sie zwischen:
- *wo* – Angabe eines geografischen Ortes;
- *in/bei/zu ... der/dem/denen* – Relativpronomen mit vorangestellter Präposition.

9 Füllen Sie die Lücken im folgenden Text aus. Entscheiden Sie dabei, ob ein *wo* oder ein Relativpronomen mit Präposition eingefügt werden muss.

> In einer Kirche, _____ sich beide zufällig begegnet sind, hat sich der Prinz heimlich in Emilia verliebt. Sein Kammerherr Marinelli denkt sich eine Intrige aus, _____ er selbst alle Fäden in der Hand hält. Zunächst soll Appiani an einen entfernten Ort geschickt werden, _____
>
> _____ er Übergriffe des Prinzen auf Emilia, _____ er sicherlich energisch eingegriffen hätte, gar nicht wahrnehmen kann. Dieser Plan misslingt jedoch. Der Überfall, _____
>
> _____ Graf Appiani schließlich ermordet wird, ist von Marinelli veranlasst worden.
>
> Von dem Ort, _____ ihr Bräutigam stirbt, wird Emilia sofort ins Schloss des Prinzen gebracht.

anders, verschieden, unterschiedlich?
anscheinend oder scheinbar?

10 Passt im folgenden Satz *anders*? Würden Sie das Wort ersetzen?

Obwohl sie Zwillinge waren, waren sie ganz anders.

11 Kreuzen Sie jeweils eine richtige Antwort an. Die richtig angekreuzten Sätze dienen Ihnen dann als Regelwissen.

anders …	☐ kann mit „als" kombiniert werden.
	☐ kann nur in Sätzen verwendet werden, in denen von mindestens zwei Personen oder Sachen die Rede ist.
	☐ hat dieselbe Bedeutung wie „verschieden".
verschieden …	☐ kann als Adjektiv gesteigert werden.
	☐ trifft eine Aussage über eine Person oder einen Sachverhalt.
	☐ hat zwei Bedeutungen: „mehrere" und „andersartig".
unterschiedlich …	☐ ist ein Adverb.
	☐ meint „ungleich", „andersartig".
	☐ kann mit „als" kombiniert werden.
anscheinend …	☐ Es ist nicht wirklich so, es sieht nur so aus.
	☐ Es ist nicht ganz sicher, ob es wirklich so ist.
	☐ Etwas wird von der Sonne beschienen.
scheinbar …	☐ Es ist nicht ganz sicher, ob es wirklich so ist.
	☐ Es ist nicht wirklich so, es sieht nur so aus.
	☐ Es wird in Scheinen bar bezahlt.

12 a Kreuzen Sie diejenigen Sätze an, die Ihrer Meinung nach verbessert werden müssten.

b Streichen Sie in jedem markierten Satz das unpassende Wort durch und ersetzen Sie es in der rechten Spalte durch ein passendes.

☐	Das Drama „Kabale und Liebe" von Friedrich Schiller macht deutlich, dass die Menschen damals je nach Standeszugehörigkeit ganz andere persönliche Entfaltungsmöglichkeiten hatten.	_____ _____ _____ _____
☐	Beide, der junge Adelige und die junge Bürgerliche, haben verschiedene kulturelle Identitäten.	_____ _____
☐	Der hohe Adel verfügte über eine absolute Entscheidungsgewalt. Beim Bürgertum war das ganz unterschiedlich.	_____ _____ _____
☐	Je nach sozialer Lage sah die Zukunft für die Menschen sehr anders aus.	_____ _____

5.5 „sagen, sagen, sagen" – Wiederholungen vermeiden

Die Qualität Ihres Textes ergibt sich auch aus der Bandbreite des Vokabulars, über das Sie verfügen. Wenn Ihnen zum Beispiel bei der Wiedergabe einer Textaussage außer der Formulierung „Der Autor sagt ..." nichts einfällt, dann ist Ihr Text an diesen Stellen ausdrucksschwach. Verbessern Sie Ihren Ausdruck, indem Sie sich ein differenziertes Vokabular besonders in den Ausdrucksbereichen aneignen, die in Klausurtexten immer wieder vorkommen!

Wortspeicher

Alternativen zum Verb „sagen"
feststellen, darauf aufmerksam machen, dass ..., darauf hinweisen, dass ..., erkennen lassen, erklären, explizieren (= erläutern, darlegen), hinweisen auf, klarstellen, mitteilen, konstatieren (= feststellen), sich äußern zu, unterstreichen, zu verstehen geben, zum Ausdruck bringen

Alternativen zu „sich beschäftigen mit"
Angaben machen zu, eingehen auf, aufzeigen, behandeln (ein Thema etc.), betrachten, darlegen, deutlich machen, entfalten (ein Thema, eine These usw.), entwickeln, erläutern, handeln von, präsentieren (Informationen etc.), sich auseinandersetzen mit, nachweisen, sich äußern zu, sich befassen mit, thematisieren, zur Sprache bringen

- Legen Sie die Wortspeicher neben Ihre Kursmappe, wenn Sie demnächst Texte verfassen, in denen entsprechende Aussagen gemacht werden sollen. Nutzen Sie die Wortspeicher, um den Ausdruck zu variieren und zu differenzieren.
- Nutzen Sie evtl. zusätzlich den Thesaurus (Wortspeicher) von PC-Programmen, um Alternativen zu weiteren Wörtern zu finden.

 Füllen Sie mit Hilfe der Wortspeicher im Tipp den folgenden Lückentext aus.

Dieses Arbeitsheft _____ die Überarbeitung von Texten. Ein Vorkurs _____ Fehlerschwerpunkte _____, die in Texten häufiger vorkommen.
In der Einleitung _____ der Autor, dass man zunächst seine eigene Wahrnehmung von Fehlern schärfen müsse. Er _____ außerdem, dass es möglich sei, selbstdiagnostische Fähigkeiten zu _____. Das erste Kapitel des Heftes _____ grammatische Sachverhalte, das folgende _____ Zeichensetzung und das dritte _____ Rechtschreibung. In den weiteren Kapiteln _____ _____ die Autorinnen und Autoren Ausdrucksprobleme und Herausforderungen beim Schreiben von Klausuren.

5.6 „Er kommt jetzt raus" – einen angemessenen Stil entwickeln

Stilistisch haben Sie beim Schreiben einige Freiheiten. Allerdings sollten Sie einige Stil-Formen meiden, zum Beispiel einen salopp-umgangssprachlichen oder einen nominalistischen Stil. Im Nominalstil ist eine größere Zahl von Nomen mit Hilfe von Präpositionen miteinander verkettet, wobei die Verben meist wenig aussagekräftig sind und für die Satzaussage kaum eine Rolle spielen. In Klausuren und Hausarbeiten ist ein Verbalstil anzuraten, der durch aussagekräftige Verben und eine mäßige Anzahl an Nomen gekennzeichnet ist. Dieser Stil ist leserfreundlicher.

■■ **Umgangssprache meiden** ■■

❶ In den folgenden Sätzen ist ein unangemessener Stil verwendet worden. Verbessern Sie.

In einer der ersten Szenen ist Emilia in einer Kirche am Beten.

Kaum ist Emilia aus der Kirche raus, nimmt das Unheil seinen Lauf.

Nach dem Anschlag auf ihren Bräutigam soll Emilia zu dem Fürsten rübergebracht werden.

Die Gräfin Orsina ist mit Marinelli heftig am Streiten, während der Prinz sich in seinen Gemächern aufhält.

Als Odoardo Galotti im Schloss auf den Prinzen trifft, würde er am liebsten draufhauen; aber er kriegt sich noch einmal ein.

Am Ende macht er Schluss mit seiner eigenen Tochter.

Verbal- statt Nominalstil

2 Lösen Sie die folgenden Nomen-Ketten auf, indem Sie einige Nomen in Verben umwandeln und die Aussage insgesamt neu organisieren. Dabei können Sie einen Satz auch in mehrere Sätze auflösen.

> Nach dem heimlichen Zuflüstern von Liebesworten in der Kirche durch den Prinzen kommt Emilia in einen Zustand leichter Verwirrung.
>
> Der Tod des Grafen Appiani erfolgt als Resultat der skrupellosen Umsetzung der geheimen Wünsche des Fürsten durch den Kammerherrn Marinelli.
>
> Der kunstvolle Aufbau der Handlung des Theaterstücks durch G. E. Lessing macht das Werk zu einem Höhepunkt in der Entwicklung des Dramas in Deutschland.

Überflüssiges meiden

Tipp

Vermeiden Sie Pleonasmen[1] und Füllwörter wie *regelrecht* oder *gewissermaßen*, die oft persönliche Angewohnheiten sind und keinen Informationswert haben.

3 In den folgenden Sätzen wiederholen sich Aussagen. Streichen Sie das Wort, die Silbe oder die Buchstaben, die diese Doppelung tragen.

> Die Bedeutung der Embryonenforschung ist meiner Meinung nach sehr wichtig.
> Das Drama „Emilia Galotti" wurde 1772 erstmals uraufgeführt.
> Faber kennt Ivy fast gar nicht, geschweige denn hat er kaum ihren Charakter begriffen.
> Die Ausstattung dieses Autos ist viel optimaler.
> Das war sein weitestgehendstes Entgegenkommen.
> Die einzigste Figur in diesem Roman, die aus der Frosch- und Vogelperspektive alles durchschaut, ist Oskar Matzerath.

4 Streichen Sie durch, worauf verzichtet werden kann.

> In Klasse 9 war er es irgendwie leid, von seinen Mitschülern immer nur als Streber angesehen zu werden.
>
> Emilia ist in diesem Stück sozusagen das unschuldige Opfer.

[1] **Pleonasmus:** eine Häufung sinngleicher oder ähnlicher Wörter in einem Satz

5.7 Stil und Ausdruck – Trainingstext

Unten und auf der folgenden Seite finden Sie einen Klausurtext, der sich auf das Gedicht „blindlings" von Hans Magnus Enzensberger bezieht, das Sie hier nachfolgend lesen können.

 Lesen Sie zunächst das Gedicht.

Hans Magnus Enzensberger

blindlings

siegreich sein
wird die sache der sehenden
die einäugigen
haben sie in die hand genommen
5 die macht ergriffen
und den blinden zum könig gemacht

an der abgeriegelten grenze stehn
blindekuhspielende polizisten
zuweilen erhaschen sie einen augenarzt
10 nach dem gefahndet wird
wegen staatsgefährdender umtriebe

sämtliche leitende herren tragen
ein schwarzes pflästerchen
über dem rechten aug
15 auf den fundämtern schimmeln
abgeliefert von blindenhunden
herrenlose lupen und brillen

strebsame junge astronomen
lassen sich glasaugen einsetzen
20 weitblickende eltern
unterrichten ihre kinder beizeiten
in der fortschrittlichen kunst des schielens

der feind schwärzt borwasser ein
für die bindehaut seiner agenten
25 anständige bürger aber trauen
mit rücksicht auf die verhältnisse
ihren augen nicht
streuen sich pfeffer und salz ins gesicht
betasten weinend die sehenswürdigkeiten
30 und erlernen die blindenschrift

der könig soll kürzlich erklärt haben
er blicke voll zuversicht in die zukunft

 Prüfen Sie dann den folgenden Anfang eines Klausurtextes genau.
a Unterstreichen Sie zunächst Formulierungen, die Ihrer Meinung nach verbessert werden müssen.
b Schreiben Sie jeweils Ideen für Ihre Verbesserung in die nachfolgende Leerzeile und arbeiten Sie den gesamten Text neu auf einem gesonderten Blatt aus.
c Ermitteln Sie anhand des Lösungsheftes, wie erfolgreich Sie bei der Textüberarbeitung bereits sind.

> „Blind", das Schlüsselwort in Enzensbergers Gedicht „blindlings", begleitet den Leser durch das
>
> ganze Gedicht. Der Autor führt den Leser mit der Überschrift unmittelbar in das Thema herein, was
>
> sicherlich auch heute noch von Belang ist. Er verwendet viele Begriffe, die dem Bereich der Optik
>
> entstammen. Durch Ironie wird die gesellschaftliche Situation abstoßend dargestellt. Das Gedicht
>
> kritisiert die Regierung eines Landes, aber auch dessen Bürger, wegen ein und demselben Problem:
>
> Alle verfallen einer allgemeinen Blindheit. Das bedeutet: Die Umgangsart mit den Problemen, die
>
> das Land hat, ist unangemessen.

Das lyrische Ich sagt, dass die führenden Kräfte, „die Einäugigen", die Probleme des Landes nicht

erkennen und erst recht nicht behandeln könnten. Er sagt außerdem, zum Staatschef hätten sie

einen Blinden, der die Probleme des Landes gar nicht wahrnehmen könne, gemacht. Zwischen der

Regierung sei eines unumstritten: Trotzdem sie den Überblick verloren hätten, wollten die Macht-

haber einen totalitären Staat durchsetzen. Jeden Störfaktor wolle er ausschließen. Deshalb würden

zum Beispiel alle „Augenärzte", die Menschen von den Täuschungen, denen sie erliegen, befreien

könnten, verhaftet. Durch ihre Hilfe, so der Erzähler, könnten die Menschen wieder „sehen" lernen.

Die Augenärzte könnten eine Rettungsaktion des Landes einleiten; sie hätten die Möglichkeit, zu

erkennen, welche notwendigen Problemlösungen die Regierung unterlasse. Die Augenärzte stellen

für die Machthaber insofern eine Gefahr dar, da sie nicht mit dem Strom schwimmen und anderen

helfen, alles zu durchschauen.

Ein Abschnitt des Gedichts beschreibt gewissermaßen den Kampf um gesellschaftliche Positionen

auf der Basis des Blindseins. „Strebsame junge Astronomen lassen sich Glasaugen einsetzen"

(Zeile 18 f.). Die Wahl dieses Berufes in diesem Gedicht lässt sich mit der Notwendigkeit des Auges

bei dieser beruflichen Tätigkeit erklären. Die Astronomen lassen sich ihre Augen durch Glaskörper

ersetzen, weil wenn sie so drauf sind, passen sie viel optimaler in den soziologischen Trend, der hier

vorherrscht. […]

6 Eine Klausur überarbeiten – Trainingstext

Dieses Kapitel zeigt Ihnen, nach welchen Kriterien Sie eine vollständige Klausur überarbeiten können. Es orientiert sich an den Problemen und Fehlern, die erfahrungsgemäß in Oberstufenklausuren besonders häufig vorkommen.

Die Aufgabenstellung zur Beispielklausur sieht vor,

- einen Sachtext zu analysieren und
- zu ihm Stellung zu nehmen.

Um die Schülerarbeit beurteilen zu können, müssen Sie zunächst die Textgrundlage lesen: einen Sachtext aus der Wochenzeitung „Die Zeit".

1 **a** Lesen Sie den folgenden Text gründlich.

b Lesen Sie ihn ein zweites Mal und markieren Sie Schlüsselwörter, die Sie für eine Textanalyse berücksichtigen würden.

Wolf Schneider

Ich habe einen Traum

(Aus: „Die Zeit", Nr. 19, vom 4. Mai 2005)

[...] Rosa Luxemburg[1] steht mir politisch verhältnismäßig fern. Aber ich träume von Menschen, die noch heute die Kraft hätten, Sätze zu meißeln wie den, womit sie im Ersten Weltkrieg die Profite der

5 Rüstungsindustrie attackierte: „Die Dividenden steigen – und die Proletarier fallen." Da war jedes Wort mit mehr Kilowatt aufgeladen als heute ein ganzer Fernsehabend. „Stell dir vor, es ist Krieg, und keiner geht hin!" Auch so eines. Einsam ragen

10 solche Monumente großer Sprache aus einem anschwellenden Meer des Geschwätzes.

Die Sätze müssen nicht aus Marmor sein. Aus Spott können sie bestehen wie bei Heine: „Der Knecht singt gern ein Freiheitslied des Abends in

15 der Schänke: Das fördert die Verdauungskraft und würzet die Getränke." Vibrierende Stimmung können sie schaffen wie Clemens von Brentano mit den Zeilen: „Mond! Mond! Wie die Wellen kühlen, wie die Winde wühlen in den dunklen Mähnen der

20 Nacht!"

Vielleicht gibt es noch Menschen, die solche Wörter zu Feuerkugeln ballen können. Doch ihre Chance, beachtet zu werden, sinkt Jahr um Jahr. Es geht bergab mit der Sprache, machen wir uns nichts

25 vor: Die Fernsehschwätzer beherrschen die Szene, die Bücherleser sind eine bedrohte Gattung, die Grammatik ist unter jungen Leuten unpopulär, ihr Wortschatz schrumpft, und viele Siebzehnjährige betreiben das Sprechen so, als ob es ein Neben-

30 produkt des Gummikauens wäre. „Luftschnapp" oder „Megaknuddel": So chatten sie, die plauderfreudigsten unter den Computer-Nutzern [...]

Und so träume ich: Sie könnten noch einmal wiederkehren, die Kraft und die Herrlichkeit der Spra-

che, der Respekt vor ihr, die Bewunderung für sie, 35 der Höhenflug auf den Flügeln des Gesanges. Doch dem Boden verhaftet, wie ich es auch in Träumen bleibe, beginne ich mit einem kleinen Schritt: Ich lade die Fernsehintendanten ein, sie möchten anordnen, dass keuchenden Sportlern nie mehr ein 40 Mikrophon entgegengestreckt werden darf. Das wäre mal ein Anfang und kein ganz kleiner, bei der Beschaffenheit der damit verhinderten Sprachprodukte – und bei der Millionenschar derer, denen sie dann vorenthalten würden. 45

Was geschieht auf den Sportstätten? Ein gedemütigter Torwart, der früher zwischen ein paar Umstehenden einfach „Scheiße" geschrien hätte, sieht sich jetzt genötigt, dieses allein sinnstiftende Wort zu einem Geschwafel aufzublasen, das er für Hoch- 50 deutsch und für fernsehkompatibel hält – ein Graus; und Millionen hören zu. Und da die meisten von denen keine Bücher lesen, ist das Torwart-Gestammel für sie ein Sprachmodell geworden. [...] 55

Das Fernsehen labert uns die Ohren voll, und in den Nachmittags-Talkshows darf auch die untere Hälfte des Volkskörpers ihre Seele entblößen.

So träume ich: von Kindern und Heranwachsenden, die sich mit Hilfe von Eltern und Lehrern noch 60 andere Sprachvorbilder suchen als die Heißluftplauderer von der Mattscheibe, die Sportplatz-Keucher, die Diskjockeys, die Hooligans, die Soziologie-Professoren – ja, auch die: Denn ohne sie würde es ja keine Studenten geben, die von ihrem 65 Selbsteinbringungs-Kauderwelsch auch dann

[1] **Rosa Luxemburg** (1870–1919), marxistische Politikerin, Mitbegründerin der Kommunistischen Partei Deutschlands

nicht lassen können, wenn sie auf der Parkbank schmusen. [...]

Also träume ich lieber. Vom Duden zum Beispiel: dass er das Herz haben möge, wieder das Richtige zu registrieren und nicht das Übliche. Denn die ihn benutzen, suchen das Richtige; indem sie aber stattdessen das Übliche finden, setzen sie, Arm in Arm mit der Duden-Redaktion, eine Abwärtsspirale in Gang. Die Deutsche Presse-Agentur hat daher schon 1985 intern beschlossen: Vorsicht vor dem Duden! Wenn wir einen Fehler oft genug gemacht haben, wird er sich im Duden wiederfinden – als das Übliche eben.

Schon träume ich von Managern, die noch im Stande wären, „Dienstleistungen" zu sagen statt „dienstleistungsbasierte Aktivitäten". Von Feuilletonredakteuren, die die Paradigmen (viel besser: Paradigmata!) aus ihrem ewigen Wechsel erlösen. Sogar von Lehrern träume ich, die sich guten Gewissens von der regierenden Spaßpädagogik verabschieden – in der Einsicht, dass Kinder manchmal auch das lernen müssen, was sie hassen: die unregelmäßigen Verben einer Fremdsprache zum Beispiel. Wer das nicht will, darf im Keller PISA spielen.

An dieser Stelle schwingt sich mein Traum, vom Schiller-Jahr[2] beflügelt, in atemberaubende Höhen auf: in der Schule mindestens eine Schillersche Ballade auswendig lernen! Das hätte, den triefenden Edelmut beiseite, drei ungeheure Vorzüge. Zum Ersten: Da die Kinder es hassen, wäre es ein fruchtbarer Beitrag zur Abkehr von der Spaßpädagogik. Zum Zweiten: Das Gedächtnis ist ein trainierbares Organ, und es in der Schule nicht zu trainieren, ist unterlassene Fürsorge. Und zum Dritten: Statt dass sich nur Sprachmodelle wie „Also irgendwie ich meine er ist ein Arschloch, echt!" im Hinterkopf festsetzen, könnte das Sprachzentrum dann auch Muster abrufen wie dieses: „Da treibt ihn die Angst, da fasst er sich Mut / und wirft sich hinein in die brausende Flut / und teilt mit gewaltigen Armen / den Strom, und ein Gott hat Erbarmen."

Ich erwache schweißgebadet. Immerhin, ich habe von Schiller geträumt und nicht von Oliver Kahn[3].

[2] **Schiller-Jahr:** Im Jahr 2005, als der Artikel erschien, wurde der 200. Todestag Friedrichs Schillers begangen.

[3] **Oliver Kahn:** Torwart von Bayern München und auch der deutschen Fußball-Nationalmannschaft

Nehmen wir an, die Aufgabenstellung zu diesem Text lautet:

1. Analysieren Sie den Text „Ich habe einen Traum" von Wolf Schneider.
2. Nehmen Sie Stellung zu Schneiders zentraler These und zu den Forderungen, die er daraus ableitet, indem Sie sich mit seiner Argumentation auseinandersetzen.

Diese Aufgabenstellung entspricht dem Aufgabentyp *Analyse eines Sachtextes mit weiterführendem Schreibauftrag*.

2 a Unterteilen Sie den Text in Sinnabschnitte.
b Markieren Sie die zentrale These des Autors und unterstreichen Sie seine wichtigsten Argumente.

Im folgenden Trainingstext (dem eine tatsächlich geschriebene Schülerklausur zu Grunde liegt) sind bereits einige beispielhafte Schwachstellen unterstrichen und am Rand neben dem Text gekennzeichnet. Vereinzelt finden Sie auch Fehlerzeichen, zu denen der Fehler im Text noch zu finden ist.

Ein Hinweis: RS- und Z-Fehler sind bereits bereinigt.

3 Lesen Sie den Trainingstext aufmerksam.

Schülerarbeit

zu Wolf Schneider: „Ich habe einen Traum"

In seinem Text „Ich habe einen Traum" erzählt Wolf   *A ungenau, Einleitung unvollständig*
Schneider von Träumen, die er im Zusammenhang   *und ungenau*
mit der Sprache hat. Seiner Meinung nach geht es mit
der Sprache „bergab" (Z. 24) und er überlegt, was man   *A ungenau*
5 dagegen tun kann.   *könnte?*
Am Anfang zitiert er mehrere Beispiele für eine
gelungene und ausdrucksstarke Sprache – von Rosa
Luxemburg, Heinrich Heine und Clemens von Brentano. Deren Aussprüche nennt er „Monumente einer   *?*
10 großen Sprache" (Z. 10); er bezeichnet sie sehr bild-   *Zitat ungenau*
  bildhaft   reich als „gemeißelte Sätze" (Z. 3) und sagt, sie seien
geradezu „mit Kilowatt aufgeladen" (Z. 7). Danach
stellt er seine zentrale These auf, dass es nämlich „mit
der Sprache bergab geht" (Z. 24). Als Beleg führt er
15 die „Fernsehschwätzer" an (Z. 25) und die Jugendlichen, die keine Grammatik mehr beherrschen und
bei denen der Wortschatz schrumpft (s. Z. 28 f.).   *Gr (Perspektive unklar:*
„Fernsehschwätzer" ist eines von mehreren Beispie-   *Wessen Meinung ist das?)*
len für die abwertende Wortwahl, die Schneider be-
20 nutzt. Immer wieder versucht er, dem Leser seine
Meinung durch abwertende Worte plausibel zu machen. Nun kommt Schneider zu seinen Träumen, von
denen schon in der Überschrift die Rede ist. Er träumt
davon, dass wieder „Respekt vor ihr und Bewunde-   *BZ*
25 rung für sie" herrscht (Z. 35 f.). Als einen kleinen
Schritt dahin schlägt er vor, dass Interviews mit
Sportlern im Anschluss z. B. an ein Fußballspiel oder
einen Wettkampf verboten werden. Denn ein „gedemütigter Torwart" bläst seinen Frust nur zu einem   *Gr*
30 unmöglichen „Geschwafel" auf (Z. 50), und das wird
für Millionen Zuschauer zum Vorbild. Hier liegen
auch wieder Beispiele von für Schneiders Strategie
der abwertenden Wortwahl. Er nennt die Sportler
„Heißluftplauderer" und „Sportplatz-Keucher"
35 (Z. 61 f.). Insgesamt benutzt er seine Sprache, um
dem Leser seine Meinung auf unterschwellige Art
nahezubringen. Schneider träumt weiter davon, dass
Kinder noch andere sprachliche Vorbilder haben.
Außerdem davon, dass der Duden keine Fehler mehr
40 macht, und von Managern, die wieder richtig sprechen. Zuletzt nimmt er sich die Lehrer vor. Von ihnen
fordert er, dass sie nicht so sehr am Spaß orientiert
sind; sie sollen vielmehr den Kindern unregelmäßige
Verben einpauken und sie Schiller-Balladen

auswendig lernen lassen, gerade im Schiller-Jahr, das
2005 begangen wurde. Das ist erstens gut, weil die
Kinder daran keinen Spaß haben, zweitens, weil sie
damit ihr Gedächtnis trainieren, und drittens, weil
sie auf diese Weise andere Sprachmodelle kennen
lernen, die sie „später als Muster abrufen" können
(Z. 105). Schneider wacht schließlich aus seinem
Traum auf und freut sich, dass er von Schiller geträumt hat und nicht von Oliver Kahn, der Torwart
von Bayern München.

In manchen Punkten kann man Schneider sicher
zustimmen, aber in anderen geht er m. E. entschieden
zu weit. Seiner zentralen These, dass es mit der deutschen Sprache bergab geht, kann ich überhaupt nicht
zustimmen. Wenn viele heute so sprechen, wie es
ihnen gerade in den Sinn kommt, ist das meines Er-
achtens eher kreativ und bringt Abwechslung. Und
warum soll sich ein Lehrer z. B. nicht am Spaß orien-
tieren? Es ist doch klar, dass man viel lieber lernt,
wenn man auch Spaß dabei hat. Recht hat er natürlich, wenn er meint, dass die Sprache eines Fußbal-
lers, der gerade abgehetzt vom Spielfeld kommt, nicht
gerade vorbildlich ist. Deswegen aber solche Interviews zu verbieten, finde ich reichlich übertrieben.
Wahrscheinlich ist er ein ganz unsportlicher Mensch,
der keine Ahnung vom Fußball hat, und deswegen
poltert er so richtig los. Aber er sollte auch mal andere tolerieren. Gegen das Chatten erhebt er einige
Einwände. Wer einmal in so einem Chat-Room mit-
gemacht hat, weiß, wie wohltuend das ist, dass man
da einfach drauflosschreiben kann, ohne sich um
Rechtschreibung und Ausdruck zu kümmern. Die
Sprache ist spontan und authentisch und dann ist es
auch richtig. Es ist paradox, Kinder Schiller-Balladen
auswendig lernen zu lassen mit der Begründung, dass
ihnen das keinen Spaß macht. Hier scheint Herr
Schneider eher eine Abschreckungs- und Unterdrü-
ckungspädagogik zu vertreten, die doch ziemlich von
vorgestern ist. Und was die Sprachmuster der Schiller-Balladen angeht, die sie später „abrufen" können:
Glaubt Herr Schneider im Ernst, dass irgendein
Mensch sich jemals so ausdrückt? Er würde sich damit nur lächerlich machen. Recht hat der Verfasser
aber mit seinem Hinweis auf den Duden: Der ist ziemlich teuer und dann kann man auch erwarten, dass
das, was da drin steht, richtig ist. In diesem Punkt
kann ich Schneider nur zustimmen. Insgesamt
komme ich also zu dem Ergebnis: In einigen wenigen
Punkten, die ich dargestellt habe, hat der Verfasser
Recht, in den meisten aber nicht. Daher finde ich
seinen Text nicht überzeugend. Und die Sprache ist
zwar flott, aber ebenfalls nicht überzeugend.

zu umgangssprachlich

Konjunktiv

Bz

- *viel zu umgangssprachlich*
- *viele Ausdrucksfehler*
- *aber guter Argumentationsansatz*
- *zu viele Zitate, zu sehr am Text gebunden*
- *zu viele „dass..."-Sätze*

6 Klausuren überarbeiten – Trainingstext

6.1 Sich einen ersten Leseeindruck verschaffen

4 **a** Lesen Sie den Trainingstext erneut und versehen Sie ihn gegebenenfalls mit Bleistift in der Randspalte mit weiteren Anmerkungen.

b Analysieren Sie die Zeilen, neben denen Fehlerzeichen vermerkt sind, wo aber diese Fehler im Text nicht unterstrichen sind. Markieren Sie den zugehörigen Fehler im Text.

5 Der Trainingstext hat zwei Teile.

a Geben Sie die Zeile an, in der der Schreiber zum zweiten Teil überleitet: Z. _____

b Geben Sie möglichst knapp den Inhalt der beiden Teile an:

Teil 1 (Z. 1 – __): _____

_____

_____

Teil 2 (Z. __ – __): _____

_____

_____

6 Formulieren Sie in Stichworten Ihren ersten Gesamteindruck und Ihr vorläufiges Urteil über jeden der Teile und notieren Sie, worauf sich Ihr Urteil stützt.

Teil 1 beurteile ich nach dem ersten Lesen als insgesamt
☐ gut gelungen,
☐ einigermaßen gelungen,
☐ weniger gut gelungen,

weil _____

_____

_____

Teil 2 beurteile ich nach dem ersten Lesen als insgesamt
☐ gut gelungen,
☐ einigermaßen gelungen,
☐ weniger gut gelungen,

weil _____

_____

_____

_____

Im Folgenden werden Sie Schritt für Schritt durch eine Überarbeitung der Schülerklausur geführt.

Tipp

Die Überarbeitung macht es notwendig, sowohl den Text von Wolf Schneider, ▶ S. 74–75, als auch den Schülertext, ▶ S. 76–77, mehrmals zu lesen. Verschaffen Sie sich am besten bereits vorweg einen Überblick über die weiteren Schritte der Textüberarbeitung.

6.2 Überarbeitung des ersten Teils – Analyse

Richten Sie während der Überarbeitung von Texten Ihren Blick nacheinander gezielt auf einen bestimmten Aspekt, den Sie überarbeiten wollen. Sinnvoll wäre z. B. ein **Vorgehen in folgenden Schritten** – prüfen Sie nacheinander:

1. Einleitungssatz
2. Inhalt (Sind die Inhalte des Primärtextes angemessen wiedergegeben?)
3. Wiedergabe fremder Gedanken (Wurde richtig zitiert? Sind Inhalte mit eigenen Worten wiedergegeben?)
4. Aufbau des Textes
5. Schluss (▶ S. 85).

▬ Der Einleitungssatz ▬

In den Einleitungssatz gehören folgende Elemente:
- **Verfasser/-in**,
- **Titel**,
- genaue Angabe der **Textart**,
- bei Texten aus einer Zeitung oder Zeitschrift die **Quellenangabe**: Name dieser Zeitung bzw. Zeitschrift und Datum der Veröffentlichung,
- eine kurze Angabe des Themas (**Themasatz**).

❶ Prüfen Sie, ob der Einleitungssatz im Trainingstext auf Seite 76 korrekt ist, und schreiben Sie ihn gegebenenfalls neu.

▬ Inhaltswiedergabe überprüfen ▬

Überarbeiten Sie den inhaltsbezogenen Teil des Trainingstextes unter den Fragestellungen:
- Ist der Gegenstand des Primärtextes sachlich richtig sowie
- hinreichend genau und gründlich dargestellt?

❷ Vergleichen Sie unter dieser Fragestellung den Text von Wolf Schneider mit dem Trainingstext.
a Markieren Sie im Text von Schneider auf Seite 74–75 die Stellen, die der Schüler (Trainingstext) vernachlässigt hat.
b Kennzeichnen Sie am Rand des Trainingstextes, wo Ihrer Meinung nach etwas zu korrigieren oder zu ergänzen ist.

Überprüfung der Wiedergabe fremder Gedanken

Fremde Gedanken werden in Klausuren häufig ungenau oder falsch wiedergegeben.
Beachten Sie: Es muss eindeutig sein, aus welcher Perspektive Sie schreiben, d. h., wo Sie Gedanken aus dem zu analysierenden Text wiedergeben und wo es sich um Ihre eigenen Gedanken handelt. Manchmal bietet es sich an, im Kontext deutlich zu machen, dass man Gedanken übernimmt. Bei textnahen Übernahmen sollte man jedoch Zitate oder zumindest die indirekte Rede verwenden.

Richtig zitieren

Zitate haben die Aufgabe, die eigenen Beobachtungen und Überlegungen mit Stellen aus dem Text zu belegen und zu untermauern. Zitate sind **wörtliche**, sogar buchstabengetreue **Übernahmen** aus einem Text mit Angabe der Fundstelle.

Aspekte	Darstellungs-formen	Beispiele – Zitiert aus: W. Borchert, Das Brot. TTS, S. 20 f.; oder nach Angabe	Hinweise
Zitat-Kennzeichnung allgemein	Anführungszeichen	Die Frau „fühlte, wie die Kälte der Fliesen langsam an ihr hochkroch" (S. 20, Z. 23 f.).	Begriff „Zitat" entfällt, Tempus beibehalten – auch wenn es von dem des eigenen Textes abweicht.
Wörtliche Rede im Zitat *und* **Zitat im Zitat**	*Einfache* Anführungszeichen	Sie „kam ihm zu Hilfe: ‚Komm man. Das war wohl draußen'" (S. 21, Z. 50).	
Verse	Zeilenumbruch wird durch Schrägstrich markiert	„Es war, als hätt' der Himmel / Die Erde still geküsst" (J. v. Eichendorff, Mondnacht, V. 1 f.)	Großschreibung am Versanfang wird beibehalten.
Auslassungen	*Drei* Pünktchen (nicht fünf oder zehn!) in eckigen Klammern	Die Frau „fühlte, wie die Kälte […] langsam an ihr hochkroch" (S. 20, Z. 23 f.).	Am Anfang und am Ende des Zitats keine Pünktchen, auch dann nicht, wenn nur ein Teil aus einem Satz zitiert wird.
Hinzufügungen	Eckige Klammern	„Sie sieht doch [im Hemd] schon alt aus, dachte er" (S. 21, Z. 31).	Gilt auch für den einzelnen Buchstaben, der wegen des Satzbaus hinzugefügt wird.
Fehler im Text	[sic] oder [!] hinter das fehlerhafte Wort	Etwa: „Sie sieht doch schonn [sic] alt aus, dachte er" (S. 21, Z. 31). *Oder:* „Sie sieht doch schonn [!] alt aus, dachte er" (S. 21, Z. 31).	Fehler nicht korrigieren! Möglicherweise sind es nur vermeintliche Fehler.
Eigene Hervorhebungen im Zitat	Unterstreichen oder *Kursivschrift*; dahinter Hinweis: [Hervorhebung XY]	Die Frau „fühlte, wie die Kälte der Fliesen [Hervorhebung XY] langsam an ihr hochkroch" (S. 20, Z. 23 f.).	XY steht für die Initialen des Verfassers (etwa der Facharbeit); alternativ: [Hervorhebung durch d. Verf.]
Stellenangabe/Zitatnachweis	S. = Seite Z. = Zeile V. = Vers Sp. = Spalte f. = *eine* folgende Seite / Zeile / Spalte / ein Vers ff.= *mehrere folgende* Seiten / Zeilen / Spalten / Verse		Unmittelbar hinter das Zitat und immer in runden Klammern

Verbindungen mit dem eigenen Text

Position	vorangestellt	„Sie sieht doch schon alt aus", denkt er, als er sie nachts in der Küche sieht (S. 21, Z. 31).	Syntax beachten: Das Zitat muss syntaktisch zum eigenen Satz passen.
	eingefügt	Sie hört, „dass er leise […] kaute", während sie sich schlafend stellt (S. 21, Z. 81).	Satzzeichen beachten: Es gelten die üblichen Zeichensetzungsregeln.
	nachgestellt	Die Sätze sind sehr kurz und vor allem am Anfang manchmal elliptisch: „Sie machte Licht. Sie standen sich im Hemd gegenüber. Nachts. Um halb drei. In der Küche" (S. 21, Z. 13 ff.).	Bei Zitat eines ganzen Satzes, vor allem wenn ein redeeinleitendes Verb verwendet wird: *Doppelpunkt* vor Zitat.

Besonderheiten

Kurzbelege (ca. ein bis drei Wörter)	unmittelbar hinter der eigenen Aussage (in Klammern, mit Stellenangabe)	Die Beschreibung des Raumes („Kälte der Fliesen", S. 20, Z. 23) hat symbolische Bedeutung.	Längere Einschübe vermeiden; sie stören den Zusammenhang des eigenen Satzes.
Bloßer Verweis *ohne* Zitat	in Klammern: *vgl., s.* (für „siehe") oder *z. B.* plus Stellenangabe	Sie kann nicht ertragen, dass ihr Mann lügt (s. S. 21, Z. 39 f.), und wendet sich ab.	Doppelungen vermeiden: Bei Wiedergabe mit eigenen Worten, aber mit enger Anlehnung an die Formulierungen der Textvorlage diese nicht noch einmal wörtlich zitieren.

Indirekte Rede

Statt durch ein wörtliches Zitat kann man fremde Gedanken auch als indirekte Rede (▶ S. 18) wiedergeben:

- Die beste und „eleganteste" Form ist die Verwendung des **Konjunktivs I** oder einer Ersatzform,
  z. B.: Der Mann meint, sie würde frieren (S. 21, Z. 36 ff.). –
  Der Mann glaubt, sie würde alt aussehen (S. 21, Z. 31).
- Sie können auch einen **dass-Satz mit Indikativ** verwenden, z. B.:
  Borchert beschreibt in kurzen, elliptischen Sätzen, dass Mann und Frau sich nachts in der Küche im Hemd gegenüberstehen (S. 21, Z. 13 ff.).

3 Prüfen Sie, ob im Trainingstext die „Perspektive der Darstellung" überall eindeutig ist.

a An zwei Stellen ist bereits ein **Gr**-Fehler am Rand notiert, der sich auf dieses Problem bezieht, an einer Stelle ist allerdings im Text das falsche Wort nicht unterstrichen.

b Prüfen Sie, ob es weitere Fehler im Modus (▶ S. 16) gibt. Streichen Sie diese als **Gr**-Fehler an und schreiben Sie in die Randspalte die richtige Form des Verbs.

c Prüfen Sie alle Zitate anhand des Primärtextes auf den Seiten 74–75 und vermerken Sie, wo es Fehler oder Unschärfen gibt.

▬ Den Aufbau überarbeiten ▬

Eine Analyse kann auf zwei verschiedene Arten aufgebaut werden: textchronologisch (am Text entlang) oder aspektorientiert. Wenn Sie einen Text überarbeiten, müssen Sie sich klarmachen, auf welche Weise er strukturiert ist:

➥ Bei einem **textchronologischen Vorgehen** besteht die Gefahr, einen Text lediglich zu paraphrasieren, also den Inhalt nur mit eigenen Worten zu umschreiben. Damit nimmt man keine wirklich analytische Haltung gegenüber dem Text ein: Man löst sich nicht genügend vom Text, steht nicht darüber. Dann kann es zum Beispiel geschehen, dass sich Wiederholungen aus dem zu analysierenden Text in der eigenen Arbeit wiederfinden.

➥ Ratsamer ist deshalb, das **aspektorientierte Vorgehen** zu wählen: Es ordnet die Analyse und Darstellung leitenden Gesichtspunkten (Aspekten) zu. Dabei steht der Schreibende von vornherein *über* dem Text und nimmt damit eine deutlich analytische Haltung ein. Wiederholungen sind so leicht zu vermeiden.

4 Machen Sie sich bewusst, welche Vorgehensweise der Verfasser der Klausur über den Text von Wolf Schneider gewählt hat:

☐ textchronologisch oder

☐ aspektorientiert.

5 Lesen Sie den Text von Wolf Schneider sowie den ersten Teil des Trainingstextes noch einmal durch. Arbeiten Sie Aspekte der Analyse heraus, denen Sie einzelne Aussagen zuordnen können.

Aspekt 1: _____

Aspekt 2: _____

Aspekt 3: _____

Aspekt 4: _____

6 Markieren Sie in beiden Texten die Stellen, die Sie einem Ihrer Aspekte zuordnen können. Verwenden Sie für jeden Aspekt eine eigene Farbe.

7 a Entwerfen Sie ein Konzept für eine aspektorientierte Analyse des Textes von Wolf Schneider.

Tipp

Die Aspekte, die Sie herausgearbeitet haben, bilden die Oberbegriffe für die größeren Abschnitte des Analyseteils und liefern damit den gedanklichen Aufbau; Sie können diesen Aufbau besonders deutlich machen, indem Sie für die größeren Abschnitte **(Zwischen-)Überschriften** formulieren.

b Ordnen Sie in Stichworten den Aspekten die passenden Teile aus dem Trainingstext zu und ergänzen Sie diese durch weitere Stellen aus dem Text von Wolf Schneider, die der Schüler übersehen hat. Hier können Sie auf Ihre Überprüfung der Inhaltswiedergabe, ▶ S. 79, zurückgreifen.

c Schreiben Sie auf der Grundlage Ihres Konzeptes eine neue Fassung des Analyseteils. Arbeiten Sie auf gesonderten Blättern.

6.3 Überarbeitung des zweiten Teils – Stellungnahme

Weitere mögliche Aspekte der Überarbeitung sind:

Zum **Inhalt**: Stichhaltigkeit der eigenen Argumente
Schlüssigkeit der eigenen Argumente

Zur **Darstellung**: Beziehungsfehler (▶ S. 12, 26)
Kohärenz (▶ S. 54)
Aufbau und Gedankenführung (▶ S. 54 f.)

▬ Die Stichhaltigkeit der eigenen Argumente überprüfen (1.a) ▬

Im zweiten Teil des Schüleraufsatzes geht es – gemäß der Aufgabenstellung – um die eigene Meinung in der Auseinandersetzung mit dem Text von Wolf Schneider. Diese muss vor allem *stichhaltig* sein.

> **Stichhaltige Argumente**
>
> ●➔ Die Stellungnahme zu einer bestimmten Aussage eines Textes muss zu dieser auch passen. Sie müssen die Aussagen (in diesem Fall: Schneiders) sehr genau herausarbeiten, damit Sie ihnen gerecht werden und Ihre Stellungnahme nicht daran vorbeigeht.
> ●➔ Ihre eigene Position (**These** oder Urteil) muss klar erkennbar sowie mit **Argumenten und Beispielen** bzw. weiterführenden Erläuterungen abgesichert sein.

1 a Arbeiten Sie die Position des Verfassers (Schülers) im zweiten Teil seines Aufsatzes heraus. Markieren Sie die Passage(n), in der bzw. in denen sie formuliert wird, und fassen Sie sie mit eigenen Worten zusammen:

b Bewerten Sie diese Position unter dem Aspekt der Klarheit und Eindeutigkeit. Kreuzen Sie an.

☐ Die Position des Schülers ist meiner Meinung nach klar und eindeutig formuliert.

☐ Die Position müsste m. E. präziser formuliert sein.

c Falls Sie das zweite Kästchen angekreuzt haben: Entwerfen Sie auf einem gesonderten Blatt einen Verbesserungsvorschlag.

2 a Untersuchen Sie Z. 61–64 des Trainingstextes (Spaß am Lernen) unter der Fragestellung, ob die Passage der Auffassung Schneiders gerecht wird oder ob der Schreiber eventuell einzelne Aspekte übersieht. Lesen Sie dazu auch noch einmal im Text Schneiders Z. 85–90 ff. und vergleichen Sie. Formulieren Sie eine kurze Stellungnahme.

b Untersuchen Sie Z. 64–71 (Verbot von Fußballer-Interviews) unter der Fragestellung, ob der Schüler seine Position hier **hinreichend mit Argumenten und Beispielen bzw. weiterführenden Erläuterungen untermauert** hat. Formulieren Sie eine kurze Stellungnahme oder gegebenenfalls einen Verbesserungsvorschlag.

6 Klausuren überarbeiten – Trainingstext

▬ Die logische Schlüssigkeit der Argumente prüfen (1. b) ▬

3 Untersuchen Sie Z. 72–78 des Trainingtextes (Sprache im Chat-Room) und prüfen Sie die Stelle auf ihre logische Schlüssigkeit hin: Ist die Meinung des Verfassers logisch überzeugend? Verfassen Sie einen kurzen Kommentar:

▬ Beziehungsfehler beheben (2. a) ▬

In Klausuren besteht ein häufiger Darstellungsfehler darin, dass Pronomen (v. a. Personalpronomen) verwendet werden, deren Beziehung nicht eindeutig ist (Fehlerzeichen: Bz).
Insgesamt ist die grammatische Kongruenz (▶ S. 12) wichtig, um Beziehungen auch sprachlich deutlich zu machen: Nur dann ist die Darstellung eindeutig.

4 Prüfen Sie unter dem Aspekt der Kongruenz die Zeilen 61–72 des Trainingstextes. Welche Personalpronomen müssen ersetzt werden, damit die Darstellung eindeutig ist? Streichen Sie an und schreiben Sie eine kongruente Fassung dieser Passage auf.

▬ Kohärenz prüfen (2. b) ▬

Tipp

Sprachlich kann man die Kohärenz (▶ S. 54) eines Textes auf verschiedene Weise deutlich machen. Die besten Möglichkeiten sind:
- **Demonstrativpronomen** (▶ S. 23): Schneider attackiert vor allem das Fernsehen. *Dieses* trägt seiner Meinung nach wesentlich zum Sprachverfall bei.
- **Adverbien und Konjunktionen** (▶ S. 11, 28): *Danach* geht Schneider zu einem Angriff auf das Fernsehen über. – *Außerdem* weist er darauf hin, …
- **Wendungen wie:** *Ein weiterer wichtiger Gesichtspunkt* besteht in … – Der Verfasser geht *auch noch auf andere* Aspekte des Sprachverfalls ein. *So* beklagt er, …

5 Untersuchen Sie die Zeilen 72–80 des Trainingstextes und überlegen Sie, wie Sie den gedanklichen Aufbau dieser Passage auch sprachlich verdeutlichen können. Formulieren Sie auf gesonderten Blättern eine kohärente Fassung aus.
Ein Hinweis: Manchmal muss man auch, wenn man Wendungen einfügt, zusätzlich kleinere sprachliche Änderungen am Text vornehmen.

■ Aufbau und Gedankenführung absichern (2.c) ■

6 Lesen Sie nun noch einmal den gesamten zweiten Teil des Trainingstextes und achten Sie vor allem auf den gedanklichen Aufbau (die Gedankenführung). Kreuzen Sie an, welche der folgenden Zuschreibungen Ihrer Meinung nach am ehesten zutrifft. Sie können zwei Kästchen ankreuzen.

Die Gedankenführung ist

☐ sinnvoll und klar,

☐ sprunghaft,

☐ willkürlich,

☐ schlüssig (stringent) und überzeugend.

Tipp

Wichtig für die Überzeugungskraft einer Argumentation ist unter anderem die **Reihenfolge der Darstellung**. Dabei sind drei Aspekte zu beachten:

➤ Die Wahl eines geeigneten Argumentationsschemas:

linearer Aufbau   **dialektischer Aufbau**

                Positionen im Block   **fortlaufende Gegenüberstellung**

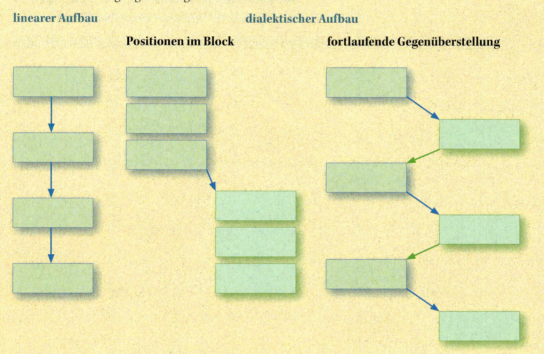

➤ Die Gedankenführung in der Argumentation sollte **steigernd** angelegt sein. Das bedeutet wiederum zweierlei:
    Die **stärkeren Argumente** kommen **an den Schluss**.
    Bei einer dialektischen Erörterung (Pro-und-Kontra-Erörterung) achten Sie zusätzlich darauf, dass die Argumente, die Ihre eigene Meinung stützen, an letzter Stelle stehen.

➤ Vermeiden Sie gedankliche Sprünge. Diese liegen vor, wenn derselbe Sachverhalt an verschiedenen Stellen behandelt wird.

7 Legen Sie in Stichworten einen überzeugenderen Aufbau des zweiten Teils fest. Beachten Sie die Prinzipien der Steigerung.

8 Verfassen Sie eine verbesserte Version des Aufsatzes zu Wolf Schneiders Text „Ich habe einen Traum". Berücksichtigen Sie die verschiedenen Gesichtspunkte, die Sie sich mit Hilfe der Seiten 78–85 erarbeitet haben. Vieles, was Sie notiert haben, können Sie als „Rohmaterial" verwenden.

7 „Schriftsachen" – Offiziell schreiben

In diesem Kapitel finden Sie Informationen und Übungen zum Erstellen offizieller Textformen, die in ihrer Gliederung und ihrer sprachlichen Form verbindlichen Vorgaben folgen müssen. Indem Sie diese Vorgaben genau einhalten, stellen Sie sicher, dass Ihr Text alle für die jeweilige Textart wichtigen Aspekte enthält und sinnvoll und verständlich aufgebaut ist. Zudem zeigen Sie, dass Ihnen die geläufige äußere Form dieser Textarten vertraut ist, was besonders im Berufsleben die Bearbeitung Ihres Anliegens vereinfacht und die Beurteilung Ihrer Arbeit und auch Ihrer Person positiv beeinflusst.

Der formalen äußeren sollte immer eine **klare innere Gliederung** zu Grunde liegen. Zu diesem Zweck empfiehlt es sich, inhaltliche Aspekte Ihres Textes zunächst zu sammeln und zu ordnen – am besten auf Karteikarten, die es Ihnen erlauben, verschiedene Anordnungen (chronologisch, hierarchisch) der einzelnen Punkte auszuprobieren. Heben Sie auf diesen Karten die Schlüsselwörter farbig hervor.

Schon die Rohfassung Ihres Textes sollten Sie möglichst auf dem PC abfassen, um Korrekturen und Formulierungsalternativen beim Überarbeiten leichter einbringen zu können.

Die Endfassung der hier eingeführten formalen Textarten muss auf dem Computer geschrieben sein. Verwenden Sie eine geläufige Schriftart in der Größe 12-Punkt und einen 1,5-fachen Zeilenabstand.

7.1 Das Protokoll

Das Protokoll ist eine Mitschrift, die das in einer Gruppe Erarbeitete und Beschlossene festhalten soll. Ein wesentliches Kriterium für ein gelungenes Protokoll ist, ob auch jemand, der bei der betreffenden Zusammenkunft nicht anwesend war, das Wesentliche über die besprochenen Gegenstände problemlos daraus entnehmen kann.

Elemente eines Protokolls

- **Protokollkopf** mit dem Titel der Veranstaltung, dem Datum, evtl. dem Ort, dem Zeitpunkt des Beginns und des Endes sowie den Namen der Teilnehmer und Teilnehmerinnen (evtl. mit deren Aufgaben in der Gruppe) und des Protokollanten sowie der Abwesenden (ggf. Vermerk, ob entschuldigt);

- **Hauptteil**, inhaltlich präzise und klar gegliedert. Es empfiehlt sich,
  - das Protokollierte durch Ziffern zu gliedern (evtl. in **T**ages**o**rdnungs**p**unkte, so genannte TOPs);
  - zentrale Fragestellungen und Themen zu unterstreichen;
  - wichtige Beiträge, auf deren Wortlaut es unter Umständen ankommt, ausführlich und namentlich zu notieren;
  - Tafelanschriften, Folien und Ähnliches gegebenenfalls als Anlage beizufügen, andernfalls knapp, aber klar zu skizzieren;
  - gebräuchliche und verständliche Abkürzungen zu verwenden.

- **Unterschrift** des Protokollführers (sowie ggf. des Vorsitzenden);

- **Anlagen** (Bildmaterial, Dokumentkopien o.Ä.), die genau zu benennen sind.

Die Sprache eines Protokolls ist **sachlich**; persönliche Stellungnahmen oder Interpretationen des Gesagten muss der Protokollant vermeiden. Statt der direkten wird stets die **indirekte Rede** (▶ S. 18) verwendet. Das Tempus ist das **Präsens**.

Das Verlaufsprotokoll: Soll dargestellt werden, wie es zu einem Ergebnis (z. B. eines Experiments oder einer Schülerarbeitsgruppe) oder Beschluss gekommen ist, wird ein Verlaufsprotokoll geschrieben. Hierbei werden die einzelnen Diskussionsbeiträge bzw. die Arbeitsschritte einer Gruppe sinngemäß wiedergegeben (in indirekter Rede und im Präsens).

Das Ergebnisprotokoll: Hier ist nicht der Prozess, sondern lediglich das Ergebnis der protokollierten Zusammenarbeit von Bedeutung (z. B. Arbeitsergebnisse einer Gruppenarbeit, Beschlüsse einer Versammlung). Im Ergebnisprotokoll werden daher nur Resultate festgehalten sowie eventuell Anträge, die den Beschlüssen vorausgingen.

Tipp: Wenn Sie das Ergebnisprotokoll z. B. einer Gruppenarbeit schreiben, sollten Sie nicht nur positive Ergebnisse, sondern auch **offene Fragen** notieren, auf die in der Diskussion der Ergebnisse eingegangen werden kann.

1 Werten Sie die folgenden Aufzeichnungen aus einer Sitzung der Schülervertretung eines Gymnasiums aus, um auf ein gesondertes Blatt den Anfang eines Ergebnisprotokolls zu schreiben. Verwenden Sie dabei alle relevanten Informationen, die Sie dem Text entnehmen können, und achten Sie auf einen richtigen Protokollkopf.

Thomas: Leute, es ist 14 Uhr, wir sollten pünktlich anfangen. Sind alle da?

Carina: Ja, bis auf Ben, aber der bittet, dass wir ihn entschuldigen, er hat die Grippe.

Thomas: Akzeptiert. Julia, du bist mit Protokollführen dran. Also, unser Thema heute ist das anstehende Schulfest. Ständig liegen mir die Lehrer in den Ohren damit, was die SV denn dazu beisteuern will; ich kann's schon nicht mehr hören. Das ist doch noch eine Weile hin.

Julia: Na ja, am 31.10. ist das, und heute ist der erste Oktober, da müssen wir schon mal in die Gänge kommen. Also, den Infostand wie beim letzten Mal sollten wir wieder machen.

Marcel: Och nee, da ist doch kaum einer gekommen.

Julia: Klar, der war ja auch völlig versteckt. Diesmal sollten wir uns direkt vor den Haupteingang stellen.

Thomas: Gute Idee. Aber wir brauchen einen Stromanschluss, wenn wir unsere Musikanlage da aufbauen wollen.

Andreas: Ich frag mal den Hausmeister, ob das geht; aber ich denke, das ist kein Problem.

Carina: Ich hab mal ein Werbeplakat für die SV entworfen, damit die Leute auch wissen, wer wir sind. Hier, schaut mal.

Thomas: Oha: „Verantwortung übernehmen ist sexy" – also, mir gefällt's ja, aber ob der Schulleiter das gut findet? Müssen wir ihm mal zeigen.

Andreas: Wenn er es nicht erlaubt, schreiben wir halt „cool" stattdessen.

Thomas: Alle einverstanden? Okay, nächster Punkt …

7.2 Der formelle Brief

Ein formeller Brief bringt ein Anliegen vor, das knapp und präzise formuliert werden sollte. Überlegen Sie im Voraus genau, was Sie mit dem Brief erreichen wollen und was der Adressat tun soll. Die Form eines Geschäftsbriefes ist festgelegt in der DIN (Deutsche Industrienorm) 5008: 2005. Die Standardisierung weist bestimmten Informationen einen festen Platz auf dem Briefblatt zu, damit man diese auf jedem Brief zügig findet.

- **Die Adresse des Absenders:** Sie steht oben links. Sie enthält mindestens drei Zeilen: den Vornamen und Namen, die Straße und den Ort (Telefonnummer, Fax o. Ä. können ergänzt werden). Die Adresse wird ohne Leerzeilen untereinandergeschrieben.
- **Die Anschrift des Empfängers:** Diese Anschrift ist formal wie die des Absenders aufgebaut, s. o. Wird eine Person in einer Firma oder Behörde angeschrieben, so schreibt man zunächst den Namen der Institution, dann gegebenenfalls den Namen der Unterabteilung und dann den Namen und gegebenenfalls den Titel (*Dr., Prof.*) des Adressaten in einer Zeile. Zusätze wie *an, z. H.* (für *zu Händen*) entfallen. Verwenden Sie einen Umschlag mit Sichtfenster, müssen Sie darauf achten, die Adresse so zu platzieren, dass sie im Sichtfenster erscheint.
- **Datum:** Das Datum steht oben rechts. Die in Deutschland geläufige Form ist: Tag (als Ziffer), Monat (als Ziffer oder ausgeschrieben), Jahr (06 oder 2006). International gebräuchlicher ist: 2006-12-06.
- **Die Informationszeile** (auch: Betreffzeile): Sie nennt präzise das Thema oder den Anlass des Schreibens, um dem Empfänger eine schnelle inhaltliche Einordnung zu ermöglichen. Vermeiden Sie zu allgemeine Formulierungen (also nicht einfach: *Anfrage*, sondern auch den Gegenstand der Anfrage). Die Informationszeile kann fett gedruckt werden, das Kürzel „Betr." entfällt.
  Unter der Informationszeile kann eine Bezugszeile ergänzt werden, um z. B. anzugeben, dass Sie sich auf ein Telefonat oder Schreiben beziehen: *Ihr Schreiben vom …, Rechnung Nr. 1/23 v. 04. 09. 06.*
- **Die Anrede:** Wenn Sie den Namen des Adressaten nicht kennen, verwenden Sie die Formel *Sehr geehrte Damen und Herren*. Hinter die Anrede setzt man ein Komma und schreibt dann im Text klein weiter.
- **Der Text:** Hier tragen Sie Ihr Anliegen strukturiert und gut verständlich vor. In einem einleitenden Absatz sollten Sie möglichst schnell zur Sache kommen; weitere Absätze erläutern diese näher. Im Schlussabsatz sollte Ihr Anliegen noch einmal zusammenfassend klar zum Ausdruck kommen. Fügen Sie nur Erläuterungen an, die für Ihr Thema und den Adressaten wirklich relevant sind. Vermeiden Sie Abschweifungen.
  Der Stil ist sachlich. Überlegen Sie im Voraus, welcher Ton (Höflichkeit!) Ihrem Anliegen entspricht: Wenn Sie um etwas bitten, sollten Sie konjunktivische Formulierungen (▶ S. 16 f.) und die üblichen Hilfsverben verwenden (*möchte ich Sie bitten,* oder im Falle eines außergewöhnlichen Anliegens *darf ich Sie bitten …?*).
  Aber auch im Falle einer Forderung müssen Sie im Ton höflich und sachlich bleiben. Falls Sie dem Adressaten ein Versäumnis vorhalten wollen, sollten Sie immer die Möglichkeit eines Missverständnisses oder Versehens andeuten.
  Der Text ist 1,5-zeilig gesetzt; nach jedem Absatz folgt eine Leerzeile.
- **Die Grußformel:** Die Grußformel wird durch eine Leerzeile vom Text getrennt. Üblich ist die Formel *Mit freundlichen Grüßen. Hochachtungsvoll* wirkt überaus förmlich. Lassen Sie unter der Grußformel drei oder mehr Leerzeilen für Ihre Unterschrift frei. Erst mit handschriftlicher Unterschrift wird Ihr Brief ein offizielles, ggf. rechtsgültiges Dokument. Bei Geschäftsbriefen ist es üblich, unter die Unterschrift den Namen des Unternehmens/der Behörde und ggf. die Funktion des/der Unterzeichnenden aufzunehmen.
- **Anlagen:** Hier führen Sie alles auf, was Sie dem Brief beilegen (Dokumente, Fotos etc.). So hat der Empfänger eine erste Übersicht und er kann ggf. prüfen, ob (z. B. in der Hauspost) etwas verloren gegangen ist. Bei rechtswirksamen Schreiben ist es wichtig, nachweisen zu können, wer wann was gesehen und gewusst hat.

-
-
-
-

Florian Becker
Mühlenweg 12
54321 Burgdorf   20.01.2008
(0 25 25) 9 87 65
florian.becker@netz.de

-
-
-
-
-

Interworld GmbH
Personalabteilung
Frau Dr. Sieglinde Schmitz
Brunnenstraße 2
50111 Köln

-
-
-
-
-

Ihre Einladung zu einem Bewerbungsgespräch

-
-

Sehr geehrte Frau Dr. Schmitz,

-

in Ihrem Schreiben vom 15.01.2008 haben Sie mich zu einem persönlichen Gespräch eingeladen.

Darüber freue ich mich und bestätige den vorgeschlagenen Termin am 15.02.08 um 11.30 Uhr gern.

-

Wie gewünscht, lege ich erneut eine Kopie meines Abiturzeugnisses bei.

-

Mit freundlichen Grüßen

-

Florian Becker

-

Florian Becker

Anlage:
Abiturzeugnis in Kopie

-
-
-

Tipp

- Verwenden Sie die richtigen Fachbegriffe.
- Strukturieren Sie Ihre Ausführungen durch sinnvolle Konjunktionen (▶ S. 28), z. B.: *daher, somit, (wo)hingegen, zudem, des Weiteren, schließlich* usw.
- Vermeiden Sie übermäßig gesucht wirkende oder hochgestochene Formulierungen, auch wenn diese Ihnen vielleicht besonders formvollendet zu sein scheinen.

1 a Kreuzen Sie für jede der folgenden Informations- bzw. Betreffzeilen an, ob sie geeignet ist oder nicht.
b Begründen Sie Ihre Entscheidung.

geeignet	ungeeignet	
☐	☐	Überarbeitung Ihres Angebots an uns
☐	☐	Betr.: Änderung meiner Adresse
☐	☐	Ihr Schreiben vom 20. 4. 2006
☐	☐	Fehlerhafte Angaben in meinem Unfallprotokoll vom 31. 10. 2005
☐	☐	Noch eine Frage
☐	☐	Ihre Einladung vom 2. 5. und meine Reaktion darauf
☐	☐	Praktikumsplatz als Bürokaufmann in Ihrer Firma

2 Kreuzen Sie an: Welche der jeweils folgenden Formulierungen wären im Anschluss an den Satz angemessen?

Ich habe das mir von Ihnen zugesandte Antragsformular verloren.
- ☐ Bitte senden Sie mir daher ein neues Formular zu.
- ☐ Ich darf Sie daher bitten, mir ein neues Formular zuzusenden.
- ☐ Ich möchte Sie daher bitten, mir ein neues Formular zuzusenden.
- ☐ Wäre es Ihnen unter Umständen möglich, mir ein neues Formular zuzusenden?

Vielen Dank für Ihre Einladung zu einem persönlichen Vorstellungsgespräch.
- ☐ Unglücklicherweise ist es mir leider nicht möglich, diesen Termin wahrzunehmen, da ich …
- ☐ Ich bedaure, Ihnen mitteilen zu müssen, dass ich diesen Termin nicht wahrnehmen kann, da ich …
- ☐ Leider ist es mir nicht möglich, diesen Termin wahrzunehmen, da ich …
- ☐ Es tut mir leid, diesen Termin nicht wahrnehmen zu können, da ich …

7.3 Das Bewerbungsschreiben

Mit einer Bewerbung wollen Sie einen positiven Eindruck erzielen, darum ist es überaus wichtig, dass Sie auf eine angemessene sprachliche und formale Gestaltung Ihres Anschreibens achten.

Wenn Sie sich um einen Ausbildungsplatz, eine Praktikumsstelle o. Ä. bewerben, ist der erste und zentrale Teil der Bewerbung Ihr Anschreiben. Formal muss es DIN 5008 genügen (▶ S. 88) und sollte nicht länger als eine Seite sein. Tragen Sie Ihr Anliegen möglichst knapp und präzise vor und skizzieren Sie Ihre Qualifikationen und Ihr Interesse für die angestrebte Stelle.

Tipp

Informieren Sie sich vorab (telefonisch oder im Internet), wer genau im Unternehmen der **Ansprechpartner** für Ihre Bewerbung ist. Dann sind Sie sicher, dass Ihr Brief in die richtigen Hände gerät, und Ihr Gegenüber wird sich persönlich angesprochen fühlen.
Die **Anschrift** muss absolut korrekt und vollständig sein. Wenn der Adressat oder die Adressatin einen Titel hat, müssen Sie auch diesen berücksichtigen.

Der **Text des Bewerbungsschreibens** beginnt mit einem kurzen Hinweis auf den Anlass Ihrer Bewerbung. Dies wird in den meisten Fällen eine Anzeige sein, unter Umständen kann es sich aber auch um ein Angebot handeln, das Ihnen in einem persönlichen Gespräch unterbreitet wurde. Schließlich können Sie auch eine Initiativbewerbung formulieren, die sich nicht auf einen konkreten Anlass bezieht, sondern auf Ihrer Vermutung beruht, dass Ihre Qualifikationen das Interesse des Adressaten wecken könnten. Es folgt ein Satz, der Ihr Anliegen formal ausdrückt: „Ich bewerbe mich um …".
In den folgenden Absätzen umreißen Sie knapp, aber möglichst aussagekräftig

- Ihre aktuelle schulische Situation (besuchte Schule und angestrebter Abschluss);
- Ihre Qualifikationen, soweit diese für die angestrebte Stellung relevant sind (Schulabschluss, ggf. Praktika oder Kurse, evtl. private Tätigkeiten, die Ihre Eignung für die angestrebte Position ausdrücken);
- die Gründe für Ihr Interesse an der angestrebten Ausbildung.
- Eine Schlussformel bringt Ihre Bitte um ein persönliches Vorstellungsgespräch zum Ausdruck.

Tipp

Einige Formulierungen helfen, klar und formal angemessen zu schreiben:

- während …
- hatte ich Gelegenheit …
- ich strebe … an
- im Rahmen meiner Tätigkeit als …
- zudem verfüge ich über …
- dabei konnte ich (erste) Erfahrungen im … sammeln
- zu meinen Stärken gehören …
- was man aus meiner Tätigkeit als … ersehen kann
- ich interessiere mich besonders für …
- ich würde mich über … freuen

7 „Schriftsachen" – Offiziell schreiben

1 Sie möchten sich um einen Praktikumsplatz in der Redaktion eines Musikmagazins bewerben.

a Arbeiten Sie auf der Grundlage der folgenden Ideensammlung den Text für ein vollständiges und aussagekräftiges Bewerbungsschreiben aus. Achten Sie darauf, nur die für Ihr Anliegen relevanten Aspekte auszusuchen und diese strukturiert und in sprachlich angemessener Form einfließen zu lassen und gegebenenfalls zu erläutern.

b Überarbeiten Sie Ihren Text sorgfältig: Achten Sie dabei – anhand Ihrer Fehlerschwerpunkte (▶ S. 8) – auf Rechtschreibung und Zeichensetzung sowie auf Kongruenz und Kohärenz. Wenden Sie alle Kenntnisse an, die Sie in diesem Heft wiederholt oder erarbeitet haben.

c Schreiben Sie das vollständige Anschreiben formgerecht am PC. Sehen Sie für Anschrift und Anrede fiktive Daten vor.

Telefonat mit Jan Bauer   „Music News"   Tipp von Gitarrenlehrer

(Redakteur, Freund von Julia Hahn)   Klaus Hartmann   habe über 400 CDs

spiele Gitarre bei den „Silver Hawks" (Soul)   Note 2 in Deutsch

habe auch am Wochenende Zeit   interessiere mich für fast alle Musikrichtungen

schreibe CD- und Konzertkritiken in Schülerzeitung   würde unbezahlt arbeiten

PC-Kenntnisse (geläufige Textprogramme, Grafikdesign)

lese die „Music News" seit Jahren   organisiere die Auftritte von Bands bei Schulfesten

will Journalismus studieren   höre am liebsten Soul und Hiphop

7.4 Der Lebenslauf

Der Lebenslauf, den Sie Ihrem Bewerbungsschreiben beifügen, soll dem Adressaten einen Eindruck von Ihrem Werdegang vermitteln. Neben Ihren fachlichen Qualifikationen sollte dabei ein positives, aber auch realistisches Bild Ihrer Person entstehen. Hier ist es von besonderer Bedeutung, dass Sie im Vorfeld genau überlegen, welche außerschulischen Erfahrungen für die von Ihnen angestrebte Position relevant sein könnten. Verwenden Sie für die Stoffsammlung Karteikarten und besprechen Sie Ihre Ergebnisse mit nahestehenden Personen: Haben Sie an alles Relevante gedacht? Sind Ihre schulischen und beruflichen Qualifikationen angemessen dargestellt?

- **Form:** Der Lebenslauf wird am Computer tabellarisch verfasst. Oben rechts sollte ein Passfoto von Ihnen aufgeklebt oder gedruckt sein. Es ist ratsam, dieses Foto von einem professionellen Fotografen erstellen zu lassen.

- **Persönliche Daten:** Der Lebenslauf beginnt mit Ihrem Namen, Ihrer Anschrift (möglichst mit Telefonnummer und E-Mail-Adresse) sowie Geburtsdatum und -ort. Für eine Schülerin oder einen Schüler ist es üblich, auch die Namen und die beruflichen Tätigkeiten der Eltern sowie die Anzahl der Geschwister anzugeben. Es folgt Ihr Familienstand. Falls Sie Ausländer sind oder einen ausländisch klingenden Namen haben, sollten Sie auch Ihre Staatsangehörigkeit nennen.

- **Tabellarische Übersicht:** Sie können chronologisch vorgehen, also vom Tag der Einschulung bis zum Schulabschluss nach Datum geordnet aufführen, was Sie gemacht haben. Übersichtlicher ist eine nach Aspekten geordnete Übersicht:
  - **Schulbildung:** Welche Schulen haben Sie wann besucht, welche besuchen Sie noch? Falls möglich, geben Sie die Art und das voraussichtliche Datum des von Ihnen angestrebten Schulabschlusses an (mit dem Zusatz „voraussichtlicher Schulabschluss").
  - **Sprachkenntnisse:** Für die im Schulunterricht gelernten Fremdsprachen reicht die Anzahl der Jahre, in denen Sie in der jeweiligen Sprache unterrichtet wurden. Haben Sie durch Auslandsaufenthalte, längere Reisen, Eltern, Freunde, Verwandte o. Ä. weitere Sprachkenntnisse erworben, so sollten Sie diese gesondert angeben. Dabei ist es sinnvoll, den Grad der Beherrschung mit Zusätzen wie „Grundkenntnisse", „gute Kenntnisse", „fließend" oder „Muttersprache" zu kennzeichnen.
  - **Praktische Erfahrungen:** Führen Sie alle beruflichen Tätigkeiten auf, die Sie ausgeübt haben; nennen Sie den Betrieb, den Zeitraum und die Art der Tätigkeit. Vorteilhaft sind Praktika oder Aushilfsjobs im gewünschten oder in verwandten Berufsfeldern.
  - **Zusatzqualifikationen:** Tätigkeiten, Kurse, Arbeitsgemeinschaften u. Ä., die für die angestrebte Position relevant sein könnten oder die Ihre besonderen Talente deutlich machen. Denken Sie dabei auch an die so genannten Schlüsselqualifikationen: Haben Sie z. B. als Jugendtrainer im Sportverein oder in der SV Ihrer Schule mitgearbeitet, was auf Teamfähigkeit und Verantwortungsbereitschaft schließen ließe?
  - **Hobbys:** Was ist für Ihren Adressaten von Interesse? Benennen Sie diese Hobbys möglichst präzise (z. B. nicht „lesen", sondern „naturwissenschaftliche Fach- und Populärliteratur").

- Ort, Datum, Unterschrift.

Die Schülerin Anna Franke bewirbt sich um einen Ausbildungsplatz in einer Firma, die Websites für Großkunden erstellt und betreut.
Sie hat die folgenden Stichpunkte für ihren Lebenslauf gesammelt. Erstellen Sie ein Raster und tragen Sie diejenigen Aspekte ein, die Ihnen für Annas Absicht geeignet zu sein scheinen.

7.5 Bewerbungsschreiben – Trainingstext

 Korrigieren Sie die formalen und sprachlichen Fehler und Mängel in der folgenden Bewerbung.

Kai Sandmann   Nordhausen, den 20. August 2007
Torweg 8
64111 Nordhausen
(0 33 44) 1 23 45

An Herrn
Peter Müller
Isarzeitung
Personalabteilung
Fortunastraße 11

65222 Bornberg

Bewerbung

Sehr geehrte Damen und Herren,

Im Juni 2007 habe ich das Gymnasium mit dem Abitur verlassen. Meine Stärken und Interessen liegen in den Bereichen Deutsch und SoWi (wie Sie dem beiliegenden Zeugnis entnehmen können). Ich glaube, die für eine Ausbildung zum Journalisten nötigen Qualifikationen und Fähigkeiten vorweisen zu können.

Es war schon immer mein Wunsch, journalistisch zu arbeiten. Ich kann gut mit Sprache umgehen, bin kontaktfähig und genau. Als ich Ihre Anzeige vom 10. 8. 2007 las, war mir sofort klar, dass ich gerne bei Ihrem Blatt ein Volontariat machen würde. Ich habe zwei Jahre lang als Chefredakteur die Schülerzeitung unseres Gymnasiums betreut. Ich schreibe gerne Texte aller Art. In meiner Freizeit fahre ich Rennrad und betreue oft meine jüngeren Geschwister.

Aus meinen Bewerbungsunterlagen können Sie entnehmen, dass ich mich gut für eine Ausbildung zum Journalisten eigenen würde. Bitte prüfen Sie, ob Sie mir diese Chance eröffnen können.

Ich würde mich freuen, wenn Sie mich zu einem Vorstellungsgespräch einladen würden.

Hochachtungsvoll
Kai Sandmann

Autoren- und Quellenverzeichnis
Anders, Günther (1902–1992): Der Löwe, S. 35. Aus: Der Blick vom Turm: Fabeln. C. H. Beck, München 1988;
Bánk, Zsuzsa (*1965): Der Schwimmer, S. 38. Aus: Der Schwimmer. S. Fischer Verlag, Frankfurt/M. 2004,
S. 42 f.; **Bull, Bruno Horst** (*1933): Ein schlechter Schüler, S. 15. Aus: Eine Katze ging ins Wirtshaus. W. Heyne
Verlag, München 1972; **Enzensberger, Hans Magnus** (*1929): blindlings, S. 72. Aus: Landessprache. Suhr-
kamp, Frankfurt/M. 1960; **Fischer, Steven Roger**: Sprache und Gesellschaft, S. 38. Aus: Eine kleine Geschich-
te der Sprache. dtv, München 2003, S. 180; Weltsprache, S. 53. Aus: ebd., S. 236; **Brüder Grimm**: Die beiden
Königskinder. S. 23. Aus: Kinder- und Hausmärchen. Reclam, Ditzingen 2001; **Kästner, Erich** (1899–1974):
Trostlied im Konjunktiv, S. 17. Aus: Kästner für Erwachsene. Hg. von Rudolf Walter Leonhardt. Atrium Verlag,
Zürich 1966; **Kunert, Günter** (*1929): Die Schreie der Fledermäuse, S. 30. Aus: Tagträume in Berlin und
andernorts. Fischer Taschenbuch Verlag, Frankfurt/M. 1974, S. 23; Fahrt mit der S-Bahn, S. 32. Aus: Die Beerdi-
gung findet in aller Stille statt. Hanser, München/Wien 1968; **Muschg, Adolf** (*1934): Hat es nicht geschossen,
Franz?, S. 19. Aus: Sutters Glück. Suhrkamp, Frankfurt/M. 2001, S. 32 f.; **Schneider, Wolf** (*1925): Ich habe
einen Traum, S. 74 f. Aus: Die Zeit, Nr. 19 vom 04. 05. 2005

Bildquellenverzeichnis
S. 9, 45: Cover von Wahrig: Die deutsche Rechtschreibung © Wissen Media Verlag, Gütersloh/München 2006

Redaktion: lüra – Klemt & Mues GbR, Wuppertal
Illustrationen: Amelie Glienke, Berlin
Umschlaggestaltung: Katrin Nehm
Layout und technische Umsetzung: Astrid Güldemann, Grafik & Typografie, Berlin

Weitere Arbeitshefte dieser Reihe:
Literarische Texte und Medien: Von der Analyse zur Interpretation (ISBN 978-3-464-60009-2)
Umgang mit Sachtexten: Analyse und Erörterung (ISBN 978-3-464-60188-4)
Die Facharbeit: Von der Planung zur Präsentation (ISBN 978-3-464-60177-8)
Zentralabitur Nordrhein-Westfalen (ISBN 978-3-464-60536-3)

www.cornelsen.de

Die Internet-Adressen und -Dateien, die in diesem Lehrwerk angegeben sind, wurden vor Drucklegung geprüft.
Der Verlag übernimmt keine Gewähr für die Aktualität und den Inhalt dieser Adressen und Dateien und solcher,
die mit ihnen verlinkt sind.

Dieses Werk berücksichtigt die Regeln der reformierten Rechtschreibung und Zeichensetzung.
Bei den mit R gekennzeichneten Texten haben die Rechteinhaber einer Anpassung widersprochen.

1. Auflage, 4. Druck 2009/06

© 2006 Cornelsen Verlag, Berlin

Das Werk und seine Teile sind urheberrechtlich geschützt. Jede Nutzung in anderen als den gesetzlich
zugelassenen Fällen bedarf der vorherigen schriftlichen Einwilligung des Verlages.
Hinweis zu den §§ 46, 52 a UrhG: Weder das Werk noch seine Teile dürfen ohne eine solche Einwilligung
eingescannt und in ein Netzwerk eingestellt oder sonst öffentlich zugänglich gemacht werden.
Dies gilt auch für Intranets von Schulen und sonstigen Bildungseinrichtungen.

Druck: Himmer AG, Augsburg

ISBN 978-3-464-60008-5

 Inhalt gedruckt auf säurefreiem Papier aus nachhaltiger Forstwirtschaft.